Change Management für Anfänger

Veränderungsprozesse verstehen und aktiv gestalten

von Steffen Lobinger

Inhaltsverzeichnis

1. Was ist Change Management?

Wir leben in einer Zeit in der sich unsere Arbeits- und Lebensumgebungen in rasanter Geschwindigkeit ändern. Das betrifft unser persönliches Leben, wenn es um den Wechsel von Arbeitsplätzen und -orten geht, aber mehr noch Firmen und Organisationen. Deren Märkte, Kunden und Zulieferer verändern sich ständig, und wer nicht in der Lage ist, sich schnell genug anzupassen, kann schnell als Verlierer dastehen.

Um sich anpassen zu können, muss man bereit sein, sich zu verändern. Das ist jedoch leichter gesagt als getan. Vielen Mitarbeitern, aber auch Mitgliedern der Geschäftsführung, fällt das nicht leicht. Dieses Buch soll Dir dabei helfen, Veränderungen in einer Firma oder Organisation vorzubereiten und erfolgreich umzusetzen.

Unter Change Management versteht man vor allem die Vorbereitung von Veränderungsprozessen. Dabei ist es wichtig, dass Du die verschiedenen Formen kennst, die eine Veränderung darstellen können.

1. Veränderung in der Größe: Es kann sein, dass Deine Firma gerade einen tollen Deal gemacht hat, der aber zur Folge hat, dass ihr entweder wesentlich mehr produzieren müsst, oder aber euch extrem vergrößern müsst. Das ist nicht ausschließlich ein logistisches und finanzielles Problem, sondern wird auch die Unternehmenskultur betreffen.

2. Veränderungen in der Personalstruktur: Es kommt immer wieder vor, dass neue Gesichter innerhalb der Geschäftsleitung auftauchen, oder dass im Rahmen eines "Flache-Hierarchie-Projektes" Abteilungsleiter zu Teamleadern werden. Manchmal steigt ein neuer Geschäftsführer ein, der seine eigenen Leute mitbringt: Wie auch immer, es bedeutet Veränderung, und auf diese wird sich eine Firma vorbereiten müssen.

3. Technologische Veränderungen: Jedes Unternehmen wird irgendwann seine IT-Infrastruktur aktualisieren müssen, was gravierende Veränderungen (und eine Menge Widerstand) mit sich bringen kann. Vielleicht wird aber auch eine neue Technik eingeführt, zum Beispiel mobile Apps für den Außendienst, oder RFID-Chips

für die Paletten im Warenlager. Hier geht es beim Change Management vor allem darum, die Anwender gut vorzubereiten und entsprechend zu trainieren.

4. Veränderungen bei Prozessen: Ob durch Einführung neuer IT oder Umstrukturierungen, immer wieder kommt es in Firmen zu Veränderungen, die beispielsweise Geschäftsprozesse oder auch Serviceleistungen für Kunden betreffen. Dabei muss berücksichtigt werden, dass Mitarbeiter eventuell umgeschult werden müssen, dass Kunden mit einbezogen werden, und dass zum Beispiel auch das Geschäfts-modell aktualisiert werden muss.

5. Veränderungen durch neue gesetzliche Bestimmungen: Wenn der Gesetzgeber beschließt, neue Bestimmungen zu erlassen, die ein Unternehmen betreffen, kannst Du das nicht ändern. Aber Du kannst Dich auf solche Fälle vorbereiten, denn es wird sie immer geben. Als Beispiele seien die Verbannung von Fluorchlorkohlenwasserstoffen aus Kühlschränken und die Einführung des Katalysators genannt.

Das sind nur einige der häufigsten Gründe, warum ein Unternehmen sich verändert. Allen gemein ist, dass es einen bestimmten Prozess braucht, um diese Veränderungen zu steuern. Genau das ermöglicht das Change Management.

Wir werden in diesem Buch auch auf Change Management innerhalb des Projektmanagements eingehen, vor allem auf die Bereiche, in denen die Teamleader und die Stakeholder gefordert sind. Denn auch bei Projekten kann man vor den gleichen Problemen und Herausforderungen stehen, wie in einem normalen Unternehmen. Im klassischen Projektmanagement wird das Change Management angewendet, um Veränderungen am Projekt selbst vornehmen zu können. Es handelt sich dabei um eine besondere Form des Change Management, auf die am Ende des Buches nochmals eingegangen wird. Die Grenzen sind dabei oft fließend, denn jeder Veränderungsprozess wird meistens auch als Projekt angelegt, und auch bei Projekten ist es wichtig, dass Menschen das Projekt am Ende annehmen.

2. Die Herausforderungen

Wer etwas verändern will hat es nicht leicht. Das wirst Du selbst bestätigen können, wenn Du versuchst, in Deinem Leben etwas zu verändern, Dich aber einfach nicht aufraffen kannst, oder die Situation wie sie jetzt ist, eigentlich auch ganz "ok" ist.

Organisationen bestehen aus Menschen und daher ist es nicht verwunderlich, dass es ähnliche Vorbehalte und Widerstände gibt. Die große Herausforderung beim Change Management ist nicht der Change – die Veränderung – an sich, sondern wie diese umgesetzt werden kann. Es wird insgesamt mehrere Herausforderungen geben, denen Du Dich stellen musst.

Gut gemeint ist nicht immer gut gemacht

Ein Change kann trotz seiner guten Absichten manchmal die falsche Richtung einschlagen. Das passierte beispielsweise bei der Einführung der Sicherheitsgurte und der gesetzlichen Pflicht, diese zu benutzen: Weil das Auto dadurch sicherer wurde, fuhren die Menschen schneller und die Zahl der Verkehrstoten stieg kurzzeitig an,[1] weil durch die höhere Geschwindigkeit auch die Verletzungen schwerwiegender waren. Gelöst werden konnte das nur mithilfe diverser Kampagnen und Geschwindigkeitskontrollen. Ähnliches passierte übrigens auch bei der Einführung der ABS-Systeme. Hier flogen anfangs zahllose Autos aus der Kurve, weil die Fahrer dachten, dass System würde es schon "regeln" – jedoch nicht bedachten, dass auch die beste Technik die Grundregeln der Physik nicht verändern kann.

Du wirst es im Change Management mit allen Abteilungen eines Unternehmens, aber auch mit Kunden, Zulieferern und anderen Betroffenen zu tun haben, die überzeugt werden müssen.

---

[1] Bjierklie, D. (2006): The Hidden Danger of Seat Belts. URL: http://content.time.com/time/nation/article/0,8599,1564465,00.html [Stand: 10-04-2018]

2.1 Top-Management

Manager und Unternehmensführer neigen gerne dazu, von anderen Personen Veränderungen zu verlangen, zu denen sie selbst nicht bereit sind. Ein gutes Beispiel war die Einführung von E-Mails, welche zunächst von vielen Top-Managern ignoriert wurde. Sie bestanden darauf, dass E-Mails ausgedruckt wurden, damit sie auch weiterhin mit einem Stift ihre Kommentare darauf schreiben konnten. Der Chefredakteur einer Tageszeitung zum Beispiel weigerte sich, selbst E-Mails zu schreiben. Für Korrespondenz, so seine Meinung, habe er doch eine Sekretärin.

Es kann aber auch sein, dass sich die Führung überhaupt nicht mit Veränderungen beschäftigen will. Nehmen wir an, Du bist der Leiter der IT-Abteilung und würdest Deine Verkäufer gerne mit besserer Software ausstatten, damit sie unterwegs bereits Updates eingeben können. Das würde die Prozesse beschleunigen. Aber es kann passieren, dass die Geschäftsführung keine Ahnung von IT hat und aus Angst, eine falsche Entscheidung zu treffen, gar keine trifft. Später wirst Du in diesem Buch lernen, wie man mit einer solchen und den folgenden Herausforderungen umgeht, an dieser Stelle jedoch sollen sie zunächst nur kurz angesprochen werden.

2.2 Mitarbeiter

Je größer ein Unternehmen, umso mehr Widerstand kannst Du bei Veränderungen erwarten. Viele Mitarbeiter sind zufrieden mit dem Job, den sie haben, und sie wollen insbesondere keine Veränderungen, die von außen auf sie zukommen. Selbst wer innerhalb eines Unternehmens eine Karriere anstrebt, kann sich dagegen sträuben, plötzlich einem neuen Team zugeteilt zu werden. Selbst bei Veränderungen in kleinem Ausmaß kann es immer wieder Kritiker geben, die Dir beim Change Management das Leben schwer machen.

2.3 Abteilungen

Die einzelne Abteilung ist in vielen Unternehmen eine Art kleine Festung, die versucht Feinde abzuwehren. Schon ohne Change kann es immer wieder zu Kontroversen kommen, weil Abteilungsleiter ihre Verantwortungsbereiche nicht teilen wollen, oder weil sie Angst haben, Macht und Einfluss – und vielleicht sogar einen Teil ihres Gehalts – zu verlieren. Das kann auch dazu führen, dass Du einer geschlossenen Widerstandsgruppe gegenüberstehst, wenn es um die Pfründe einer Abteilung geht, und die Mitarbeiter befürchten, dass sie etwas von ihrem jetzigen Status einbüßen müssen.

2.4 Äußere Bedingungen

Während eines Veränderungsprozesses kann es immer wieder zu Störungen von außen kommen. Ein Beispiel könnte sein, dass bei einem IT-Projekt plötzlich die Zulieferer Probleme machen und die neuen Rechner nicht angeliefert werden. Es kann aber auch sein, dass einer Firma, die eigentlich wachsen will, plötzlich der Kredit gekündigt wird, der für das Wachstum notwendig wäre. Manchmal können es aber auch Naturkatastrophen sein, wie das Jahrhunderthochwasser oder ein Orkan, die ein Unternehmen für Tage lahmlegen können. Das mag nicht häufig der Fall sein, aber dennoch kann es vorkommen und es wäre gut, wenn Du dann darauf vorbereitet bist. Als **Beispiel** sei die **amerikanische Firma Squarespace** genannt, die das Hosting und fertige Pakete von Webseiten anbietet. Als in New York ein Jahrhundert-Unwetter durch den Orkan Sandy tobte und der Strom ausfiel, sprang zwar der Generator an, aber nach einigen Tagen waren die unteren Stockwerke überflutet und die Dieselpumpen fielen aus. Um die Server am Laufen zu halten, begannen die Mitarbeiter stundenlang Dieselkanister 17 Stockwerke hochzutragen, nur um sicherzustellen, dass es so wenig Ausfälle wie möglich gab.

3. Die Voraussetzungen

Damit es überhaupt möglich ist, dass Du etwas verändern kannst, müssen bestimmte Voraussetzungen erfüllt sein. Nicht jede Idee lässt sich umsetzen, nicht jede Veränderung ist auch wirklich sinnvoll. Manchmal wirst Du feststellen, dass es an den notwendigen Ressourcen fehlt, manchmal aber auch, dass einfach kein Budget für Dein Projekt vorhanden ist.

3.1 Größe und Umfang

Damit ein Change Management funktionieren kann, braucht das Projekt einen bestimmten Umfang. Wenn Du beispielsweise nur die Büroküche umbauen willst, dann musst Du keinen Change Prozess starten. Auf der anderen Seite ist der Börsengang eines Unternehmens zwar eine Veränderung, diese jedoch kann mit Change Management alleine nicht bewerkstelligt werden.

Es gibt keine feste Größe, die zeigt, ab wann ein Projekt für ein Change Management geeignet ist, aber es gibt einige Faktoren, die Du berücksichtige kannst.

1. Die Veränderung muss mehrere Mitarbeiter betreffen.
2. Die Veränderung ist nachhaltig und nicht temporär.
3. Die Veränderung geht durch mehrere Hierarchiestufen.
4. Die Veränderung ist wesentlich und relevant für das Unternehmen.

Neue T-Shirts für die Mitarbeiter im Lager betreffen zwar viele Menschen, sind aber nicht wesentlich. Die Auslagerung zweier Mitarbeiter in ein anderes Projekt für einen Zeitraum von zwei Wochen ist nicht nachhaltig. Ein geeignetes Beispiel hingegen wäre, wenn das Management beschließt, die Außenbüros zu schließen und die Mitarbeiter in die Zentrale umzusiedeln. Hierbei sind viele Mitarbeiter betroffen, es werden mehrere Abteilungen und Verantwortungsbereiche einbezogen, die Veränderung wird zumindest für einige gewisse Zeit Bestand haben und ist durchaus wesentlich für das Unternehmen.

3.2 Ressourcen

Die meisten Veränderungen in einem Unternehmen werden als Projekt ins Leben gerufen, und diesem Projekt werden bestimmte Ressourcen zugeteilt, so zum Beispiel Mitarbeiter, Räumlichkeiten und ein festes Budget. Das Change Management ist aber kein Prozess, der innerhalb eines Projektes läuft, sondern parallel dazu, und benötigt deshalb seine eigenen Ressourcen. Die Einführung einer neuen Software wird sicherlich Trainer brauchen, aber wie genau das Training in der Praxis eingeführt wird, kann Aufgabe des Change Managements sein und braucht entsprechende Kompetenzen und Arbeitskräfte, die sich damit beschäftigen.

In der Praxis wirst Du erleben, dass Change Management und Projektplanungen oft als Einheit gesehen werden. Das macht insoweit Sinn, weil es Überlappungen gibt. Aber im Change Management geht es vor allem darum, die Bedingungen festzulegen, unter denen das Projekt überhaupt umgesetzt werden kann. Deswegen ist es notwendig, dass Du auch dafür über die notwendigen Ressourcen verfügst. Meist braucht es nur ein recht kleines Team für den Change Management-Prozess, es müssen aber auch die zeitlichen Freiräume geschaffen werden, um die anfallenden Arbeit erledigen zu können.

3.3 Zieldefinitionen

Für den Erfolg eines Veränderungsprozesses ist ein klares Ziel unabdingbar. Vage Formulierungen wie "Optimierung des Warenlagers" oder "Stärkung der Filialen" werden kaum Begeisterung bei den Mitarbeitern auslösen. Je klarer und spezifischer die Veränderungen formuliert sind, umso einfacher lassen sich auch Strategien entwickelten, um diese umzusetzen. Willst Du zum Beispiel die Produkte des Unternehmens auch über einen Online-Shop vertreiben, dann ist es wichtig, auch entsprechende Erwartungen zu benennen. Ein gut formuliertes Ziel könnte sein: "Wir wollen mit unserem neuen Online-Shop die Umsätze um 10 Prozent erhöhen und pro Monat 100 neue Kunden gewinnen." Je spezifischer Ziele definiert werden, umso einfacher sind sie für alle Beteiligten zu verstehen und zu kommunizieren.

Schwieriger wird es, wenn es darum geht, die Unternehmenskultur in eine neue Richtung zu lenken. Je weicher die Veränderungen sind, umso konkreter müssen die erwarteten Ergebnisse verbildlicht werden. Wenn Du zum Beispiel Mitarbeiter stärker projektorientiert einsetzen willst, dann muss klar dargelegt werden, was Du Dir davon erwartest und wie das Unternehmen, aber auch die Mitarbeiter selbst, davon profitieren können.

Folgende Definition wäre dafür denkbar: “Mit der Projektorientierung können wir unsere Kunden effizienter und persönlicher bedienen und die Mitarbeiter profitieren durch mehr Freiraum und Abwechslung. Wir erwarten außerdem, dass wir etwa 25 Prozent effektiver bei der Abwicklung von Projekten sein werden.”

4. Die Modelle

Der Begriff des Change Managements ist in den 60er Jahren groß geworden und wurde aus verschiedenen Managementtheorien, aber auch aus der Psychologie heraus entwickelt. Es haben sich mehrere wesentliche Modelle herauskristallisiert, die mit unterschiedlichen Ansätzen versuchen, das Thema zu beschreiben.

4.1 Kotters 8-Phasen-Modell

Eines der bekanntesten Modelle für Change Management stammt von dem amerikanischen Professor John Kotter. Er unterrichtet an der Harvard Business School und leitet seine eigene Beratungsfirma mit Sitz in Boston und Seattle. 1996 brachte er sein Buch "Leading Change" auf den Markt, welches es in die Bestsellerlisten in vielen Ländern schaffte und ihn zu einer Art Guru im Change Management machte. In seinem Buch formulierte er 8 Phasen, die in einem Veränderungsprozess berücksichtigt werden müssen:

1. Establish a Sense of Urgency – Dringlichkeit darstellen

2. Create the Guiding Coalition – ein Führungsteam aufbauen
3. Develop a Vision and Strategy – eine Strategie und eine Vision entwickeln
4. Communicate the Change Vision – die neue Vision kommunizieren
5. Empower Employees for Broad-Based Action – Mitarbeiter mit allem ausstatten, was sie brauchen
6. Generate Short-Term Wins – kurzfristige Erfolge generieren
7. Consolidate Gains and Produce More Change – Erreichtes konsolidieren und weiter verändern
8. Anchor New Approaches in the Culture – neues Verhalten in der Unternehmenskultur verankern

Laut Kotter ist der erste Schritt "Dringlichkeit darstellen" sehr entscheidend: Nur wenn die betroffenen Mitarbeiter verstehen, dass ein Wechsel so schnell wie möglich stattfinden muss, werden sie auch erkennen, dass eine Notwendigkeit besteht. Es baut somit zeitlichen Druck auf, der in der Regel eine stärkere Kooperation mit sich bringt.

Außerdem muss ein Führungsteam aufgestellt werden, welches bereit ist, aus etablierten Strukturen auszubrechen. Du wirst an dieser Stelle alle zusammenbringen müssen, die am meisten dafür geeignet sind, Veränderungen durchzuführen und zu kommunizieren.

Erst wenn die richtigen Leute an Bord sind, kannst Du das, was Du eigentlich verändern willst, in einer Vision und Strategie formulieren. Die Vision muss dabei präzise und klar sein, und die Strategie muss den Bedingungen Deines Unternehmens angepasst sein.

Die Veränderungsprozesse verständlich zu kommunizieren klingt einfacher als es ist, weil es zum einen viele Widerstände geben wird, und zum anderen weil nicht überall die gleiche Sprache gesprochen wird. Umso wichtiger ist es, dass du die Vision so formulierst, dass sie von allen Beteiligten verstanden werden kann.

Die Mitarbeiter müssen ferner auch mit allem ausgestattet werden, was sie für den Veränderungsprozess brauchen. Das sind in der Regel diverse Trainings und Schulungen, manchmal aber auch neue Büros und Computer, in der Industrie möglicherweise auch neue Fertigungsanlagen und Arbeitsplätze. Darüber hinaus braucht es aber auch Feedbackschleifen, mithilfe derer sich die Mitarbeiter mit dem Führungsteam austauschen können.

Um die Moral aufrecht zu erhalten, sollte ein Teil der Ziele so formuliert sein, dass er recht schnell erreicht werden kann. Diese kurzfristigen Etappenziele geben den Mitarbeitern ein Erfolgserlebnis und zeigen gleichzeitig, dass man auf dem richtigen Weg ist. So lassen sich oftmals auch Zweifler doch noch umstimmen.

Wenn erste Erfolge verzeichnet werden, dann sollten diese auch bekräftigt werden. Benutzen Außendienstmitarbeiter beispielsweise die neue Software, dann sollten diese als nächstes auch ihre Kollegen darin schulen – um die alte Software vollständig abschalten zu können.

Schließlich gilt es, nicht nur das eigentliche Ziel zu erreichen, sondern auch darum, die Art und Weise, wie man die Veränderungen bewerkstelligt hat, in der Unternehmenskultur zu verankern. Das wird vor allem hilfreich sein, wenn zukünftig ein weiteres Change Management Projekt ansteht.

Kotters Modell gilt als eines der am meisten angewendeten Modelle. Wie jedes Modell hat es aber auch Schwachstellen, eine davon ist, dass es stets nur in eine Richtung weist und somit keine Rückschritte oder Feedback-Loops zulässt. Auch wird in diesem Modell vor allem von oben nach unten kommuniziert, und Initiativen in die Gegenrichtung sind nicht vorgesehen.

Kotter entwickelte sein Modell dabei auf der Grundlage der Gedanken von Kurt Lewin.

4.2 Kurt Lewins 3 Phasen Modell

Kurt Lewin war ein Sozialwissenschaftler, der als Gründer der Sozialpsychologie gilt. Er beschäftigte sich als einer der ersten überhaupt mit dem Thema Gruppendynamik und Organisationspsychologie. In einem Artikel beschrieb er 1947 erstmals die drei Phasen von Veränderungsprozessen. Diese Phasen bildeten auch die Grundlage für Kotters Acht-Phasen-Modell.

Diese drei Phasen sind:

Unfreeze – Change – Defreeze
oder auf Deutsch:
Auflockern – Verändern – Verfestigen

Da es aber nicht darum geht, dass Du Dich hier mit Tiefkühlkost beschäftigen sollst, folglich ein paar weiterführende Erläuterungen zu den einzelnen Phasen.

Auflockern
In der ersten Phase geht es darum, dass Dein Unternehmen und seine Mitarbeiter einsehen, dass es einer Veränderung bedarf. Du wirst aber auch den aktuellen Status aufbrechen müssen und genau analysieren müssen, in welchen Bereichen die Veränderungen tatsächlich

angebracht sind. Das dient der Vorbereitung der eigentlichen Veränderungsphase, die Mitarbeiter müssen dabei befragt werden und es muss eine Strategie formuliert und kommuniziert werden.

Verändern

Wenn alle Vorbereitungen abgeschlossen sind, alle Beteiligten wissen, was auf sie zukommt und ihre Unterstützung sichergestellt ist, beginnt die eigentliche Veränderungsphase. Hierbei ist wichtig, dass die Übergangsprozesse genau beobachtet und von den jeweils Verantwortlichen begleitet werden.

Festigen

In der dritten Phase müssen die erreichten Veränderungen gesichert werden. In dieser Phase geht es darum, dass die Neuerungen zum Alltag werden, dass das Neue zum Normalen wird. Dieser Prozess kann manchmal länger dauern als geplant.

4.3 McKinseys 7-S-Modell

Als die beiden Berater Tom Peters und Robert Waterman in den achtziger Jahren bei der Unternehmensberatung McKinsey arbeiteten, stellten sie fest, dass es immer wieder ähnliche Prozesse in Organisationen gibt, die dort ablaufen, um Erfolg zu generieren. Sie entwickelten daraus das 7-S-Modell, welches auch für Change Management eingesetzt wird.

Es wird dabei zwischen weichen und harten Faktoren unterschieden.

Die **harten Faktoren** sind:

- Strategien
- Strukturen
- Systeme

Die **weichen Faktoren** sind:

- Geteilte Ansichten (Shared Values)
- Fähigkeiten (Skills)
- Stil
- Mitarbeiter (Staff)

In der Regel sind die harten Faktoren leichter darstellbar, beispielsweise als niedergeschriebene Strategie oder als Prozess-Charts und Diagramme, während die weichen Faktoren schwieriger greifbar sind. Den Bertern ging es vor allem darum, zu vermitteln, dass alle 7 Faktoren voneinander abhängen sind und in einander greifen.

Als Anschauungs-Beispiel kann hier eine neue Webseite eines Unternehmens dienen: Es ist recht einfach, entsprechend der Unternehmensstrategie die Zielrichtung zu definieren, welche und wie viele Seiten man braucht und welche IT-Voraussetzungen dafür nötig sind. Die Seite wird aber von den Mitarbeitern kaum mit Inhalten gefüllt werden, wenn diese nicht verstehen, inwieweit sie selbst davon betroffen sind, oder aber wenn sie gar nicht wissen, wie sie sich einloggen können. Kommen Anweisungen lediglich als Befehle von oben, wird das ebenfalls ein Hindernis darstellen können. Und schließlich braucht es überhaupt erst Mitarbeiter, die an dem Projekt mitarbeiten können.

Das mag auf den ersten Blick logisch klingen, aber gerade diese weichen Faktoren werden oftmals vergessen oder in ihrer Bedeutung unterschätzt.

All diese Modelle stellen keine Handlungsanweisungen dar, sondern sollen Dir den Rahmen veranschaulichen, in dem sich Veränderungen abspielen. Sie stehen auch nicht in Konkurrenz zueinander, sondern zeigen einfach unterschiedliche Ansätze und Perspektiven, um das Gleiche zu vermitteln.

4.4 Dunphy and Stace's Typology of Change

Die beiden Wissenschaftler Dexter C. Dunphy und Douglas A. Stace versuchten sich an einem weitergehenden Ansatz: Sie gingen davon aus, dass keine Organisation wie die andere ist und es deshalb verschiedene Wege gibt, um einen Change anzugehen und umzusetzen. Sie empfehlen außerdem, dass Unternehmen ihre Change-Strategien den jeweiligen Umweltbedingungen anpassen, um einen Zustand zu erreichen, den sie als "Optimum Fit" bezeichnen.

Kollaborativer Stil: Bei der kollaborativen Führung geht es darum, so viele Mitarbeiter wie möglich einzubeziehen, vor allem dann, wenn es wichtige Entscheidungen betrifft, sowohl hinsichtlich der Zukunft des Unternehmens, als auch bei bevorstehenden Veränderungen.

Konsultativer Stil: Hierbei beraten sich die Unternehmensführer mit ihren Mitarbeitern, allerdings nicht im Rahmen eines Entscheidungsfindungsprozesses, sondern lediglich als Feedback-Geber. Die Mitarbeiter haben dabei nur geringen Einfluss auf die Entscheidungen selbst, zum Beispiel wenn es um Fachkenntnisse geht.

Direkter Stil: In diesen Unternehmen wird von oben nach unten "regiert", das heißt, Mitarbeiter bekommen gesagt was sie zu tun haben und es gibt für sie kaum Möglichkeiten, die Zukunft des Unternehmens mitzugestalten. Hierbei wird die Autorität der Geschäftsführung benutzt, um Entscheidungen zu implementieren.

Druck und Zwang-Stil: Während beim direkten Stil zumindest theoretisch noch die Möglichkeit zum Widerspruch besteht, werden beim Druck-Stil die Mitarbeiter gezwungen, etwas umzusetzen, ohne in den jeweiligen Prozess einbezogen zu werden. Der Druck kann einerseits von der eigenen Geschäftsführung kommen oder aber von Beratern, die für ein Projekt verpflichtet wurden.

Basierend auf diesen unterschiedlichen Stilen formulierten die beiden Forscher entsprechende Wege, um Veränderungen umzusetzen.

Schrittweise Veränderungen eignen sich am besten, wenn eine Organisation bereits weitestgehend modernisiert ist, sie sich im "Optimum Fit"-Bereich befindet und nur kleine Änderungen notwendig sind. Hierbei geht es nicht um schnelle und umfangreiche Schritte.

Transformations-Veränderungen können dann notwendig sein, wenn ein Unternehmen außerhalb seines "Optimum Fit"-Bereichs liegt. In diesem Fall ist es möglich, dass es nicht nur einiger kleiner Maßnahmen, sondern tiefreichender Veränderungen bedarf.

Kollaborative Veränderungen sind dann angebracht, wenn vor allem Mitarbeiter und weniger Prozesse betroffen sind. Diese sollten mit einbezogen werden, und zwar so früh wie möglich. Gleiches gilt auch, wenn es sich um viele verschiedene Stakeholder handelt.

Der **direkte Stil** ist immer dann empfehlenswert, wenn großer Widerstand zu erwarten ist, obwohl die Veränderungen dringend notwendig sind. Er ist jedoch nicht bei großen Projekten und weitreichenden Veränderungen geeignet, weil in diesem Fall die Moral der Mitarbeiter stark leiden könnte.

Sie leiteten daraus **fünf verschiedene Change-Arten** ab:

Taylorism – wenn Veränderungen klein sind, aber unbedingt durchgesetzt werden müssen

Schrittweiser Übergang: Wenn es Mitarbeiter betrifft und daher nur langsam vonstattengehen kann.

Aufgabenorientierter Übergang: Wenn es um neue Produkte und neue Prozesse geht.

Charismatischer Übergang: Wenn eine Veränderung vor allem von Begeisterung getragen werden muss.

Kehrtwende: Wenn ausschließlich durch die Autorität der Geschäftsführung eine Veränderung durchgesetzt werden kann; vor allem bei strategischen Entscheidungen, die die Zukunft des Unternehmens betreffen.

Die Modelle haben alle ihre Vorteile und Nachteile, und jedes Modell hat auch Kritiker hervorgerufen. Sie beschreiben zwar Methoden, können aber nicht empirisch belegt werden. Dennoch sind sie notwendig, damit Du verstehst, welche Mechanismen hinter einem Veränderungsprozess stehen.

Nehmen wir an, Deine Firma muss umziehen, weil der Mietvertrag gekündigt wurde. Ein neues Büro muss her, und dieses wird vermutlich etwas mehr kosten. Wie würden die Modelle so eine Veränderung beschreiben? Wenn Du dem **Kotter-Modell** folgst, dann musst du zuerst Dringlichkeit herstellen (Phase 1), was angesichts des gekündigten Mietvertrages eher einfach ist. Als nächstes brauchst Du ein Team, dass den Umzug plant und nach einem neuen Büro sucht (Phase 2). Es bedarf keiner großen Strategie und Vision dafür (Phase 3), aber zumindest einer Idee, was das neue Büro bieten sollte (zum Beispiel eine bessere Anbindung an das Verkehrsnetz, mehr Tageslicht, mehr Platz, mehr Restaurants in der Umgebung, Tiefgarage etc.).

Das muss nun kommuniziert werden und die Mitarbeiter können ihre Ideen einbringen (Phase 4). Es können Hindernisse auftauchen (Phase 5), zum Beispiel Mitarbeiter, die zukünftig einen Nachteil haben werden, weil sie bisher recht nah am Büro wohnen und sich das ändern wird, oder weil sie in den neuen Räumlichkeiten kein eigenes Büro mehr haben werden – diese Hindernisse wirst Du mit langen Gesprächen aus dem Weg räumen müssen.

Ein kurzfristiger Erfolg (Phase 6) könnte es in diesem Fall sein, dass man gemeinsam eine Liste der drei besten Liegenschaften zusammenstellt, oder aber dass man gemeinsam eine Anforderungsliste erstellt. Schließlich muss das neue Büro noch geplant werden (Phase 7), und nach dem Einzug gilt es, sich darin gemütlich einzurichten (Phase 8).

Würdest Du hingegen dem Modell von **Dunphy and Stace** folgen, dann solltest Du zunächst einmal prüfen, welchen Führungsstil Du hast. Wenn Entscheidungen ohnehin oftmals gemeinsam mit den Mitarbeitern besprochen werden, dann wirst Du einen eher kollaborativen Stil verwenden. Sollte die Zeit aber drängen, und Du hast bereits ein weitestgehend gleichwertiges Büro gefunden, dann kann auch der direkte Stil den Prozess beschleunigen. Allerdings kann dieses Vorgehen natürlich mehr Unmut hervorrufen, als wenn die Mitarbeiter vorher involviert und befragt werden.

Es steht Dir natürlich frei, ob überhaupt, und wenn ja, welchem Modell Du folgst. In der Praxis wirst Du ohnehin feststellen, dass keines der Modelle zu 100 Prozent auf Deinen Veränderungsprozess passt. Daher wirst Du wahrscheinlich eine Mischung aus allen vorgestellten Verfahren anwenden.

In den meisten Fällen ist ein Change nicht möglich, ohne die Einsicht, dass Gewohnheiten verändert werden müssen. Wer sich und seine Arbeit jedoch nicht verändern will, wird nur schwer zu überzeugen sein. Genau darin liegt die Hauptaufgabe des Change Managements – die Mitarbeiter zu motivieren und auf eine Reise mitzunehmen.

Ein **Beispiel aus Vietnam** zeigt, dass es manchmal auch **ausschließlich mit Druck** geht: Dort hatte man 2008 die Helmpflicht eingeführt. Zwar gab es die eigentlich auch schon vorher, aber kaum jemand hatte sich dran gehalten. Nun wurde angekündigt, dass ab dem 1. November die Helmpflicht durch die Polizei überprüft wird. Am 30. Oktober konntest Du in Hanoi und Saigon noch Millionen von Motorradfahrern ohne Helm sehen - einen Tag später hatten fast alle einen Helm auf. Hilfreich war zudem, dass an jeder Kreuzung findige Händler Helme verkauften. Die Angst, von der Polizei angehalten zu werden und eventuell sein Motorrad durch eine Konfiszierung zu verlieren, war so groß, dass es ausreichte, um dieses Verhalten zu ändern. Ein ähnliches Beispiel war die Einführung von Katalysatoren für Autos und Kühlschränke ohne Fluor-Chlor-Kohlenwasserstoffe: Nur Gesetze halfen, die Kaufgewohnheiten nachhaltig zu verändern.

5. Der Prozess

Die eigentliche Arbeit beim Change Management findet vor den Veränderungen statt. Etwas zu verändern ist wesentlich einfacher, wenn die nötige Vorarbeit geleistet wurde. Dazu bedarf es eines bestimmten Prozesses, der – ähnlich wie beim Projektmanagement – den Weg beschreibt, den Du gehen solltest, um Veränderungen wirklich umsetzen zu können. Welches der oben genannten Modelle Du dabei benutzt, oder vielleicht sogar gar keins der genannten, ist nicht entscheidend, weil der Prozess in allen Fällen ähnlich ausfällt.

Der Prozess beschreibt wie Veränderungen geplant und umgesetzt werden, aber nicht zwingendermaßen wann. Meistens wird das in einem separaten Projektmanagement gemacht. Die Aufgaben des Change Prozesses sind es, die Bedingungen für die Veränderungen zu schaffen, damit diese so schnell und vor allem so gut wie möglich umgesetzt werden können.
Ein gutes Change Management sollte in seiner Durchführungsphase möglichst zeitnah vorbereitet werden.

Du wirst sehen, dass es wenig Sinn macht, notwendige Änderungen, wie die Umstellung der Produktion auf umweltfreundliche Mittel, allzu lange aufzuschieben – weil sich schon während der Planung die Bedingungen verändern können, wenn zum Beispiel eine neue Technologie eingeführt wird.

Wie lange das Change Management für ein Projekt dauert, hängt vom Projekt selbst ab. Es wird meistens in der Planungsphase des Projektes verankert und läuft dann als eine Art Überwachungsprozess neben der eigentlichen Projektarbeit oder den Veränderungsmaßnahmen.

5.1 Problemdefinition

Bevor Du überhaupt mit einem Change Management anfängst, solltest Du Dir über das Problem Gedanken machen. Ist es wichtig und groß genug, um einen Change Prozess in Gang zu setzen? Ist es überhaupt ein ausschlaggebendes Problem und besteht eine Chance, es auch anzugehen?
Du solltest das Problem sehr genau analysieren und einschätzen. Ein Change Prozess, der ein zu kleines oder ein zu großes Problem lösen soll, kann negative Auswirkungen haben. Ist es zu klein, werden sich die Teammitglieder fragen, warum sie ihre Zeit darauf verschwenden. Ist es zu groß, werden sie unter der Last der Verantwortung zusammenbrechen. Sehr große Veränderungen sollten daher besser in kleinere Projekte unterteilt werden, um den Druck abzuschwächen.

Hier **einige Beispiele von Problemen in Unternehmen**, die ein Change Management benötigen:

IT-Probleme

Egal ob es sich um eine neue Software oder neue Hardware handelt, wie RFID-Lesegeräte im Warenlager, Unternehmen werden immer vor großen Herausforderungen stehen, wenn sie im IT-Bereich etwas verändern – allein schon weil es eine Art natürliche Abneigung von

Mitarbeitern gegen IT im Allgemeinen gibt. Bei IT-Problemen solltest Du daher besonders darauf achten, ob – was meistens der Fall ist – und inwieweit andere Mitarbeiter betroffen sind. Das Aufspielen eines Updates braucht kein Change Management, die Umstellung auf Google Suites hingegen schon.

Produktions-Probleme

Es wird immer wieder vorkommen, dass Produktionsanlagen erneuert oder gar ausgetauscht werden müssen. Auch wenn hier der emotionale Widerstand meistens geringer ist, müssen Mitarbeiter entsprechend gut geschult werden. Du wirst sehr genau prüfen müssen, wie weit die neuen Anlagen bestehende Prozesse verändern. Manchmal reicht es aber auch schon, bestehende Produktionsprozesse optimieren zu wollen, um ein Change Management in Betracht zu ziehen. Auf jeden Fall sollten mehrere Mitarbeiter von der Notwendigkeit betroffen sein.

Vertriebs-Probleme

Manche Change-Management-Experten sagen, dass Change im Vertrieb am schwersten ist, weil hier die Widerstände am größten sind. Vertriebler arbeiten meistens sehr selbstständig, und sind von ihren Fähigkeiten überzeugt. Veränderungen sollten also wichtig genug sein, um Konflikte in Kauf zu nehmen. Das kann eine neue Software sein, die sie benutzen müssen, oder aber komplett neue Verkaufstechniken und Strategien.

Ein Beispiel:
Eine Bank beschloss kundenfreundlicher zu werden. Für ihre Filialen bedeutete das keine festen Schreibtische und Aufgaben mehr. Jeder Mitarbeiter sollte in der Lage sein, einen hereinkommenden Kunden zu begrüßen und ihm weiterzuhelfen – und sei es nur, um ihn an einen Experten weiterzuleiten. Du kannst Dir sicherlich vorstellen, welche Kritik am Anfang aufkam.

Organisations-Probleme
Wenn es darum geht, bestehende Strukturen innerhalb eines Unternehmens aufzubrechen, wird Widerstand nahezu garantiert auftreten. Keiner will freiwillig seine kleine Welt verlassen, die er oder sie sich im Laufe der Jahre aufgebaut hat. Je gravierender die Veränderungen sind, umso eher braucht es ein Change Management.

Als **Beispiel** kann hier folgende Situation dienen: Die Abteilungen Marketing und Produktentwicklung sollen zusammengelegt werden, damit die interne Kommunikation sich verbessert. Das kann räumliche Veränderungen bedeuten, aber unter Umständen auch personelle. Du solltest gute Gründe darlegen können, um diese beiden Abteilungen zusammenzulegen. Das können Daten sein, oder auch einfach überzeugende Erkenntnisse aus der täglichen Arbeit.

Probleme, die von außen kommen

Sehr häufig sind Probleme nicht hausgemacht, sondern kommen unvorhersehbar von außen. Das kann beispielsweise Dein Hauptlieferant sein, der plötzlich Pleite geht und Dich ohne Rohstoffe sitzen lässt, oder ein Start-Up, welches versucht Deinen Markt zu erobern. Globalisierung und digitale Transformation sind die größten Herausforderungen, denen Unternehmen heutzutage gegenüberstehen. Hinzu kommt Unbeständigkeit. Es können aber auch gesetzliche oder regulatorische Aspekte eine tragende Rolle spielen. Wenn Du zum Beispiel eine ISO-Zertifizierung erreichen möchtest, wird das einschneidende Veränderungen mit sich bringen. Die Verpflichtung in Deutschland, auf Cookies innerhalb von Webseiten hinzuweisen, und die Vorschrift, das Einverständnis der Besucher einzuholen, war eine Maßnahme, die zumindest bei Webseitenentwicklern für kurze Zeit enormen Stress verursachte – mussten doch fast alle Webseiten in Deutschland geändert werden.

Die Tragweite und den Umfang von Problemen kannst Du am besten einschätzen, indem Du die folgenden Fragen beantwortest:

- Was siehst Du als das Hauptproblem an?
- Wie bist Du auf das Problem aufmerksam geworden?
- Kann das Problem nur durch Veränderungen gelöst werden?
- Was ist die Ursache des Problems?
- Wie viele Mitarbeiter denkst Du sind von dem Problem betroffen?
- Wie wichtig ist es auf einer Skala von 1 (unwichtig) bis 5 (sehr wichtig)?
- Wie schnell denkst Du ist das Problem lösbar (Tage, Wochen, Monate)?

Wenn man beim Change Management von Problem spricht, dann ist immer der Veränderungsprozess gemeint, nicht das Projekt an sich.

5.2 Einschätzung der Ist-Situation

Wenn Du der Meinung bist, dass das Problem groß oder wichtig genug ist, und dass es ein Change Management braucht, dann wird es anschließend darum gehen, die tatsächliche Situation und das Ausmaß des Problems zu erfassen. Das ist ein unglaublich wichtiger Schritt, der jedoch oftmals auf die leichte Schulter genommen wird, was am Ende zu gravierenden Problemen führen kann. Der Transportdienstleister Uber hatte sein Südostasien-Geschäft seinem Konkurrenten Grab übertragen (und sich zudem Anteile in der Firma gesichert). Der Grundgedanke bestand darin, alle Fahrer zu Grab wechseln zu lassen und auch den eigenen Mitarbeitern anzubieten, bei Grab weiterzuarbeiten. Man dachte, das Angebot sei so gut, dass kein ausgefeiltes Change Management nötig wäre. Nur funktionierte es nicht wie gedacht: Einige nahmen das Angebot an, andere aber gingen zu einem dritten Anbieter namens Go-Jek, der die Gunst der Stunde nutzte und die Mitarbeiter abwarb.

Uber hatte nicht darüber nachgedacht, welche Bedürfnisse und Wünsche die Mitarbeiter haben, sondern schlicht angenommen, dass sie ja den gleichen Job bekommen würden, nur unter einem neuen Namen. Der Change, den die Mitarbeiter sahen, bestand aber darin, sich in eine neue Unternehmenskultur begeben zu müssen. Grab wurde als Konkurrent lange Zeit in einem schlechten Licht dargestellt. Go-Jek hingegen war ein Start-Up, zu klein um von Uber überhaupt als wichtig wahrgenommen zu werden. Viele Fahrer sahen das jedoch anders: ihnen wurde in der Vergangenheit stets vermittelt, dass Grab schlecht sei und sie niemals dort arbeiten sollten, sodass für sie letztendlich das neue Start-Up eine bessere Option darstellte.

Selbst wenn Du glaubst, dass es eine Menge guter Argumente für eine Veränderung gibt und diese geradezu offen auf der Hand liegen, heißt das noch lange nicht, dass Deine Mitarbeiter das genauso sehen. Außerdem bist Du vermutlich, auch wenn Du es glaubst, nicht über alles im Bilde, was in Deiner Firma tatsächlich vonstattengeht. Je höher Deine Position, umso größer ist die Wahrscheinlichkeit, dass Du von Deinen Mitarbeitern nur das zu hören bekommst, was Du hören willst oder sollst.

Es gibt aber einige Möglichkeiten, um herauszufinden, was Deine Mitarbeiter tatsächlich wollen, ohne dass Du sie in Angst und Schrecken versetzen musst. Empfehlenswert ist es, damit jemanden zu beauftragen, der den betroffenen Mitarbeitern näher steht, als Du selbst.

5.2.1 Umfragen

Die einfachste Methode, um ein Stimmungsbild zu erhalten, sind Umfragen. Du kannst eine ganz normale Umfrage zusammenstellen und dann per E-Mail verschicken. Das hat den Vorteil, dass Du alle Mitarbeiter erreichst, und diese sogar verpflichten kannst, an der Umfrage teilzunehmen. Der Nachteil ist, dass es eben nur Antworten auf die Fragen gibt, die gestellt worden sind und kaum eigene Anmerkungen. Außerdem besteht die Gefahr, dass die Antworten überquantifiziert werden – denn Du achtest unbewusst auf Mehrheiten, statt den Hintergrund der Antworten zu analysieren.
Wenn Du Umfragen veranstaltest, dann sollten die Fragen gut überlegt sein. Sie dürfen keine Präferenz enthalten. Ziel ist nicht, abzufragen was die Mitarbeiter von Deiner Veränderungsidee halten. Ziel ist zu verstehen, ob sie die Ist-Situation genauso sehen wie Du.

Bei einer Tageszeitung wollte man moderner werden und die Redakteure stärker in den Online-Bereich einbinden. "Online-First" war die neue Strategie. Die Redakteure waren es hingegen gewohnt, auf einen Redaktionsschluss am Abend hinzuarbeiten und den Tag damit zu verbringen, Artikel zu recherchieren und zu redi-

gieren, bis alles perfekt war. So hatten sie seit Jahrzehnten gearbeitet. Nun kam die Idee auf, bereits am Morgen Artikel online zu stellen.
Eine Umfrage sollte dabei helfen zu überprüfen, ob überhaupt die notwendigen Ressourcen dafür vorhanden sind. Einige Fragen aus der Umfrage:

> “Woher bekommen Sie Ihre Informationen für Artikel?”
>
> “Wann bekommen Sie Ihre Informationen?”
>
> “Sind alle Informationen exklusiv?”
>
> “Wie lange dauert es, einen Artikel mit 300 Wörtern zu schreiben?”
>
> “Was ist das erste, was Sie machen, wenn Sie ins Büro kommen?”
>
> “Wie fachspezifisch ist Ihr Ressort?”

Aus den Antworten wurde ersichtlich, dass manche Informationen über Nachrichtenagenturen eintreffen, bereits am Morgen vorhanden sind und auch nicht exklusiv sind. Es wäre also ein Leichtes, diese gleich online zu stellen. Andere Informationen hingegen, insbesondere für exklusive Stories, brauchen fast den gesamten Tag, um gesammelt zu werden. Deshalb können diese nicht sofort online gestellt werden.

Es zeigte sich außerdem, dass durch den Redaktionsschluss am Abend, die Redakteure den Tag in der Regel zunächst langsam angehen lassen, weil sie wissen, dass es am Ende ohnehin stressig wird. Und fast alle wiesen darauf hin, dass es einer Menge Fachwissen in ihrem Ressort bedarf.

Die Zeitung entschied – nach weiteren Befragungen und Interviews – dass die Redakteure so viel wie möglich, jedoch nach eigener Einschätzung, online stellen sollen, vor allem nicht-exklusives Material. Sie organisierten sich dahingehend, dass manche von ihnen bereits morgens Artikel schrieben und dadurch abends weniger Arbeitslast hatten. Es wurde auch offensichtlich, dass die Hinweise auf das nötige Fachwissen eher Abteilungsdenken zuzuschreiben waren – man wollte sich nicht von anderen in die eigene Arbeit einreden lassen. Als Konsequenz setzte man Redakteure aus allen Bereichen gemeinsam in einen Newsroom, damit sie dort auch, aber nicht ausschließlich, ressortübergreifend arbeiten konnten. Nach wie vor gab es aber auch noch die "alten" Schreibtische, an die man sich zurückziehen konnte, wenn man Ruhe brauchte, um eine umfassende Story zu recherchieren und zu schreiben.

Was Du daraus lernen kannst ist, dass die Fragen sehr genau formuliert sein müssen und Du auch in der Lage sein musst, die Antworten richtig zu interpretieren.

5.2.2 Interviews

Eine erfolgsversprechendere Methode, gerade bei kleinen und mittleren Unternehmen, sind Interviews. Sie unterscheiden sich von den Umfragen dadurch, dass es weniger Teilnehmer gibt, die Antworten aber ausführlicher und meistens von höherer Qualität sind. Wenn Du eine Abteilung mit 10 Mitarbeitern umstrukturieren willst, kannst Du dabei durchaus mit allen Mitarbeitern sprechen.

Interviews sollten individuell sein. Du kannst Dir im Vorfeld Fragen aufschreiben, wichtiger ist aber zuzuhören. Es geht in dieser Phase nicht darum, die Meinung zu einer geplanten Veränderung zu hören, sondern darum, was Deine Mitarbeiter über den Ist-Zustand denken. Die Interviews sind deshalb eher als Gespräche zu sehen.

Eine IT-Firma hatte das Problem, dass sie Aufträge nicht schnell genug abarbeiten konnte und die Kunden deshalb unzufrieden waren. Das Unternehmen installierte Wifi-Lösungen in Hotels - der Markt war groß, die Nachfrage auch. Der CEO berief ein Meeting mit allen Abteilungsleitern ein und fragte, was das Problem sei. Keiner konnte ihm eine Antwort geben. Er schlug vor, ein Projektmanagement einzuführen, welches er auch schon gekauft hatte. Nach zwei Wochen stellte sich heraus, dass keiner es benutzte und die Probleme somit gleich blieben.

Ein Berater für Change-Management setzte sich anschließend ohne den CEO mit den Abteilungsleitern zusammen, allerdings in Einzelgesprächen. Gefragt wurde, wie die Abläufe aktuell sind. Schnell stellte sich heraus, dass die Verkäufer ihre Abschlüsse nicht schnell genug an die Techniker und an das Warenlager mitteilten. Deshalb waren keine Router auf Lager und die Techniker bekamen erst einen Tag vorher gesagt, dass sie ein Wifi in einem Hotel installieren sollten – was unmöglich war.

Die Lösung war einfach: Es wurden Teams aus je einer Abteilung geschaffen, die für mehrere Kunden zuständig waren. Kamen die Verkäufer mit einem neuen Abschluss, berichteten sie das umgehend ihrem Team, welches wiederum die Ressourcen für die Umsetzung schaffen konnte. Es stellte sich bei der Befragung auch heraus, dass der CEO zu viel Kontrolle in seiner Hand behielt. Das Warenlager durfte keine selbstständigen Bestellungen machen, sondern brauchte jedes Mal die Unterschrift des CEO. Das wiederum entwickelte sich zu einem Flaschenhals, da der CEO nicht immer im Büro war. Er sah ein, dass er seinen Mitarbeitern mehr Freiraum und Verantwortung überlassen musste.

Bei Interviews ist Geduld gefragt. Oftmals trauen sich Mitarbeiter nicht, dem Chef gegenüber die Situation so darzustellen, wie sie sie empfinden. Deshalb ist es empfehlenswert, diese von externen Kräften durchführen zu lassen. Du solltest auf jeden Fall klar machen, dass es nicht darum geht Schuld zuzuweisen, sondern dass Du ein ehrliches Interesse daran hast, die Situation verstehen zu wollen, ohne dass aus der Ehrlichkeit der Mitarbeiter heraus Nachteile für diese entstehen. Ob die Interviews anonymisiert werden, liegt bei Dir – in einer kleinen Firma wird vermutlich ohnehin aus dem Kontext der Antworten klar, wer sie gegeben hat.

Aus dem obigen Beispiel kannst Du sehen, dass es bereits ausreichte, die Ist-Situation zu analysieren. Versuche in den Gesprächen so neutral wie möglich zu sein. Dein Ziel ist es nicht, Deine Ansichten bestätigt zu bekommen, sondern so viele Informationen (und andere Ansichten) wie möglich zu erhalten.

5.2.3 Fokus-Gruppen

Bei der Fokus-Gruppe handelt es sich um eine Art Gruppendiskussion. Wichtig dabei ist, wie die Teilnehmer für einzelne Gruppen ausgewählt werden. In der Marktforschung werden meistens offene Fragen verwendet, die aber mehreren Gruppen vorgelegt werden, um so eine Teilstandardisierung zu gewährleisten. Im Rahmen des Change Managements kannst Du bei der Analyse der Ist-Situation die Fokus-Gruppe sowohl intern als auch extern nutzen.

Für interne Veränderungen solltest Du eine möglichst diverse Fokusgruppe bilden. Versuche relevante Mitglieder einzuladen, die Dir am ehesten relevante Informationen geben können. Ein Abteilungsleitermeeting ist jedoch keine Fokus-Gruppe. Fokusgruppen eigenen sich gut bei Größen bis zu 300 Mitarbeitern. Auch bei 50 Mitarbeitern ist eine Fokusgruppen aber noch hilfreich.

Normalerweise würdest Du bei einer bevorstehenden Veränderung all jene einladen, die Experten auf dem Gebiet sind und tagtäglich mit dem Problem zu tun haben. Schwierig dabei ist jedoch, dass das schnell in Fachdiskussionen ausarten kann. Besser ist es daher, eine etwas breiter aufgestellte Fokusgruppe zusammenzustellen. Nimm als Beispiel ein Unternehmen, das mehrere

Autowaschanlagen betreibt. Es gibt die Überlegung, das Waschmittel auf ein umweltfreundlicheres umzustellen. Dieses würde etwas teurer sein, ansonsten aber die gleichen Eigenschaften aufweisen. Wer sollte in diesem Fall an einer Fokusgruppen beteiligt sein?
Betroffen sind sowohl die Betreiber der Anlagen vor Ort, als auch die Buchhaltung, das Marketing und der Vertrieb. Aus jedem Bereich solltest Du einen Mitarbeiter involvieren, jedoch nicht unbedingt den Abteilungsleiter. Zudem ist es ratsam jene Mitarbeiter auszuwählen, die das Ohr stets bei der Belegschaft haben. Oftmals sind das jene, die am Empfang arbeiten, es kann aber auch die Putzhilfe sein, oder jemand aus der Buchhaltung, der schlichtweg gut mit Menschen kann. In jedem Unternehmen gibt es jemanden, dem alle alles erzählen und jemanden, der allen alles erzählt. Du suchst gezielt nach der erstgenannten Person, und versuchst es zu vermeiden, letztere in der Fokusgruppen zu haben. In diesem Fall wäre es übrigens auch angebracht, wenn Du einen oder zwei Kunden dazu holst. Denn sie können Dir am besten sagen, wie die Situation aktuell zu bewerten ist.

Grundsätzlich solltest Du bei allen Veränderungen, die den Kunden, den Service oder das Produkt betreffen, stets zuerst die Kunden befragen, wie sie mit dem Ist-Zustand zufrieden sind. Dazu sind Fokus-Gruppen geradezu hervorragend geeignet, auch wenn sie vielleicht nicht immer repräsentativ sind. Ein Beispiel, welches zeigt, dass Kundenwünsche nicht immer dem Geschäftserfolg dienen, sind die neuen Coffeeshops. Viele Kunden wünschen sich, dass es ruhig und gemütlich ist und es bequeme Sitzgelegenheiten gibt. Das Problem dabei ist nur, dass diese Kunden dann zu lange sitzen bleiben und im Verhältnis dazu zu wenig konsumieren. Aber allein den Kundenwunsch zu kennen reichte dafür aus, dass viele Cafés heute absichtlich sehr laut sind – schlichtweg um es unattraktiv für jene zu machen, die vier Stunden am Laptop arbeiten und dabei nur eine Tasse Kaffee bestellen. Eine andere Möglichkeit wäre übrigens, jede Stunde ein neues Wifi-Passwort zu vergeben.

Du solltest nun nach den Umfragen oder Interviews einen recht guten Überblick über die Ist-Situation haben. Versuche nun erneut Dein Problem zu evaluieren: Ist es wirklich ein Problem, dass Deine Organisation betrifft, das wichtig ist und das verändert oder gelöst werden muss? Wenn Du das mit Ja beantwortest, kann die Arbeit am Change Management beginnen.

6. Planung

Durch die Ist-Analyse hast Du eventuell schon ein paar gute Ideen davon bekommen, welche Herausforderungen auf Dich zukommen werden, wenn Du Veränderungen durchsetzen willst. In einem Artikel beschreibt Ian Gotts, der sich mit Sales Force – einem Customer Relationship Management – beschäftigt, wie Top-Exe-cutives Change Management in ihren Unternehmen sehen, und zwar in verschiedenen Branchen.[2]

> 64% der Befragten glaubten nicht, dass eine Veränderung notwendig ist.
>
> 44% hatten keine Erfahrung mit Change Management.
>
> 44% sagten, dass es aus der Geschäftsführung niemanden gab, der sich bei dem Projekt engagierte.
>
> 44% gaben an, dass es Kleinkriege zwischen den Abteilungen gibt.

---

[2] Gotts, I. (2017): The Top 6 Reasons Why Change Fails. URL: https://medium.com/inside-the-salesforce-ecosystem/the-top-6-reasons-why-change-fails-6a105603eeda [Stand: 13-3-2018]

36% sagten, dass es kein einheitliches Belohnungssystem für jene gibt, die die Veränderungen umsetzen und annehmen.

31% wehrten sich gegen drohende Verkleinerungen.

Und das sind wohlgemerkt nur diejenigen, die diese Schwächen zugegeben haben. Widerstand wird aus allen Bereichen kommen, sowohl aus dem Management, als auch aus den verschiedenen Abteilungen, von Lieferanten, Kunden und manchmal auch von Leuten, die gar nichts mit Deinem Unternehmen zu tun haben.

Als erstes solltest Du also herausfinden, wer betroffen ist, und wer welche Vorbehalte gegen eine Veränderung hat. Es geht darum, die Stakeholder zu identifizieren.

6.1 Stakeholder Analyse

Als Stakeholder sind alle Beteiligten zu bezeichnen, die von der Veränderung betroffen sind. In einem ersten Schritt musst Du all diese in Gruppen zusammenfassen:

1. Mitarbeiter, die direkt betroffen sind
2. Abteilungsleiter
3. Externe Berater
4. Kunden
5. Behörden
6. Interessierte in sozialen Medien
7. Vorstand
8. Aktionäre
9. Journalisten
10. Mitbewerber
11. Familienangehörige
12. Mitarbeiter, die indirekt betroffen sind

Im nächsten Schritt musst Du Dir überlegen, welches Interesse diese Gruppen hinsichtlich der Veränderung haben. Am besten erstellst Du dafür eine Tabelle, die wie folgt aussehen könnte - am Beispiel einer neuen Zeiterfassung, die in einem Unternehmen eingebaut werden soll.

	Wie/warum betroffen	Welche Widerstände	Welche Vorteile
Mitarbeiter, die direkt betroffen sind	Jeder muss Zeit erfassen	Keiner will sagen, wie lange er arbeitet	Gerechtere Bezahlung, wenn es nach Zeit geht
Abteilungsleiter	Muss Auswertungen machen	Noch mehr Verwaltungsarbeit	Überblick über Arbeitsleistung
Kunden	Indirekt, wenn Zeit für Kundengespräche gemessen wird	Könnten weniger Zeit im Kundengspräch erhalten	Keine

Du kannst diese Tabelle gerne selbst weiterführen und überlegen, welche Vor- und Nachteile es für die einzelnen Gruppen gibt. Versuche als erstes selbst diese Felder auszufüllen. Es können auch mehrere Einträge pro Feld gemacht werden. Mit der Tabelle bekommst Du einen recht guten Überblick, den Du für den nächsten Schritt brauchen wirst.

Jetzt geht es nämlich darum, dass Du die Bedeutung der verschiedenen Stakeholder festlegst. Zwar mag die Geschäftsführung immer wichtig sein, aber bei manchen Änderungsprozessen spielt sie nur eine geringe Rolle und hat deshalb kein großes Interesse an dem Prozess. Der Parkwächter wird beispielsweise gerne übersehen, kann aber von großer Bedeutung sein, wenn es darum geht, die Parkplätze neu zu vergeben.

Du kannst Dir eine Matrix bauen, wie in der Tabelle unten dargestellt. Sie besteht aus den Werten "Großer Einfluss, mittelmäßiger Einfluss, geringer oder kein Einfluss und Unbekannt" sowie der Bedeutung der Stakeholder "Große Bedeutung, mittelmäßige Bedeutung, geringe oder keine Bedeutung und Unbekannt."
Es zeigt sich, dass die Stakeholder, deren Einfluss und Wichtigkeit am höchsten sind, die größte Aufmerksamkeit benötigen. Jene mit keiner Bedeutung und geringem Einfluss hingegen können zunächst vernachlässigt werden.
Ein häufiges Problem besteht darin, den Einfluss und die Bedeutung zu definieren. Dabei steht immer die Umsetzung der Veränderung im Vordergrund. Wenn viele Mitarbeiter betroffen sind, ist die Leitung der Personalabteilung nicht so bedeutend wie jene Personen, die in Deiner Firma Meinungsbilder sind – und das kann eben auch die Person am Empfang sein.

Du kannst der obigen Tabelle auch noch die Spalten "Bedeutung" und "Einfluss" hinzufügen, und diese dann entsprechend auch in der unteren Tabelle verwenden. Solltest Du Zahlen lieben, kannst Du die beiden Parameter auch bewerten: Bedeutung ist unterteilt in 0-3, 4-7, 8-10 und ebenso der Einfluss. X steht dabei für Ungewiss.

<table>
<tr><td colspan="2" rowspan="2"></td><th colspan="4">Bedeutung des Stakeholders</th></tr>
<tr><th>Unbekannt</th><th>Wenig oder keine Bedeutung</th><th>Einige Bedeutung</th><th>Große Bedeutung</th></tr>
<tr><th rowspan="4">Einfluss des Stakeholders</th><th>Großen Einfluss</th><td colspan="2" rowspan="2">C</td><td colspan="2" rowspan="2">A</td></tr>
<tr><th>Einigen Einfluss</th></tr>
<tr><th>Wenig oder keinen Einfluss</th><td colspan="2" rowspan="2">D</td><td colspan="2" rowspan="2">B</td></tr>
<tr><th>Unbekannt</th></tr>
</table>

Die Matrix zeigt vier Bereiche. In Feld A sind all diejenigen, die einen hohen Einfluss haben und bedeutend für das Projekt sind. Diese musst Du unbedingt gewinnen, damit das Projekt ein Erfolg wird. In Feld B sind bedeutende Leute, die aber kaum Einfluss haben. Sie müssen vor allem emotional überzeugt werden, weil sie oft die größten Kritiker sind. Jene, die zwar einen hohen Einfluss, aber keine Bedeutung haben, können ein Projekt stören, bisweilen kommen sie von außen und wollen nur ihre Meinung kundtun. Du solltest versuchen sie einzubinden, auch wenn sie keine konkrete Aufgabe haben. Jene, die keine Bedeutung und keinen Einfluss haben, sollten Dir auch keinerlei Kopfschmerzen bereiten.

Ähnliche Tabellen kannst Du auch erstellen, indem Du zum Beispiel das Interesse der Stakeholder am Projekt dem zu erwartenden Widerstand gegenüberstellst, oder aber welchen Einfluss die Veränderung haben wird im Vergleich zum Widerstand gegen die Veränderung.

Die Tabellen sollen Dir vor allem dabei helfen zu verstehen, welche Gruppen in Deiner Organisation welche Interessen haben und dabei eine Strategie zu entwickeln, um diese anzusprechen.

Ein **Beispiel** einer **Investment-Firma** soll das veranschaulichen: Das Unternehmen war eine klassische Investment-Firma, die aber auch einige Investment-Projekte, vor allem Bauvorhaben, selbst durchführte. Bislang operierte man mittels E-Mail, Excel, Word und einem zentralen Server, auf dem Dokumente abgelegt wurden. Die Sicherheitslage war schlecht, da fast alle Daten beispielsweise kopiert und auf einen USB-Stick

übertragen werden konnten. Hinzu kam, dass einige Abteilungsleiter kaum E-Mails benutzen oder diese teilweise noch diktierten.
Die Geschäftsführung wollte das Unternehmen modernisieren, nicht zuletzt weil es auf internationale Standards angepasst werden musste, um ausländische Investoren zu erreichen. Geplant war ein internes Projektmanagementsystem und Intranet, alle Daten sollten in einer zentralen Datenbank gespeichert werden, und jeder sollte bestimmte Zugriffsrechte erhalten.

Wer hatte also welche Interessen?

Die Geschäftsführung verspürte sowohl von innen als auch von außen Druck und wollte die Veränderung so schnell wie möglich umsetzen.

Die Investmentbanker sorgten sich um ihre Unabhängigkeit und hatten Angst vor der Transparenz, die eine Datenbank mit sich bringt.

Die IT war begeistert, zweifelte jedoch, dass das Personal dazu ausreichte.

Die Sekretärinnen freuten sich einerseits, dass sie weniger Diktate bekamen, andererseits fragten sie sich aber auch, ob damit ihr Job überflüssig wurde.

Die Abteilung, die früher schon eigene Projekte durchführte, wies darauf hin, dass man für diese bereits Projektmanagement-Systeme benutzte, und keine zwei Systeme parallel laufen lassen wollte.

Die Buchhaltung wollte wissen, ob das neue System sich mit der bereits vorhandenen Software verbinden lässt.

Die Rechtsabteilung meldete Bedenken an, was die Privatsphäre der Mitarbeiter angeht, und verwies außerdem darauf, dass es bestimmte Standards und Normen gäbe, die man erfüllen müsse.

Einige Abteilungsleiter befürchteten, dass sie nun eine geringere Überwachungsfunktion und weniger Kontrolle haben, weil sie nicht mehr so viel genehmigen müssen.

Einige Mitarbeiter freuten sich über eine grundlegende Modernisierung, was eine stärkere Identifizierung mit dem Unternehmen zur Folge hätte.

Mitarbeiter in den Außenbüros hatten Angst, dass sie nicht berücksichtigt werden.

Die Personalabteilung verlangte, dass das System sowohl in der Landessprache als auch in Englisch verfügbar ist.

Kunden merkten an, dass es Schnittstellen zu ihren Systemen geben muss und es sichergestellt werden muss, dass eine Modernisierung für sie keine Nachteile bringt.

Force Field Analyse

In der Force Field Analyse (übersetzt: Kräftefelder) geht es nur darum, die treibenden und die behindernden Faktoren zu identifizieren. Sie ist ebenfalls erstmals von Kurt Lewin veröffentlicht worden. Jede Veränderung wird Widerstand erzeugen, das ist eine Art Naturgesetz. Du musst aber wissen, welcher Art der Widerstand ist. Am Anfang wird diese Liste noch recht kurz sein, im Laufe der Planungen aber in beiden Spalten länger werden. Auch hier geht es darum, Dir und dem Team zu veranschaulichen, welche Aufgabe da vor euch liegt. Oftmals können Argumente oder Personen aus der linken Spalte (treibende Kräfte) auch dabei helfen, Gegner zu überzeugen.

Die Force Field Analyse kann zudem auch hilfreich sein, wenn es darum geht Stakeholder zu überzeugen oder ihnen schlichtweg die Situation darzulegen. In der Analyse werden auch deren Interessen und Positionen dargestellt.

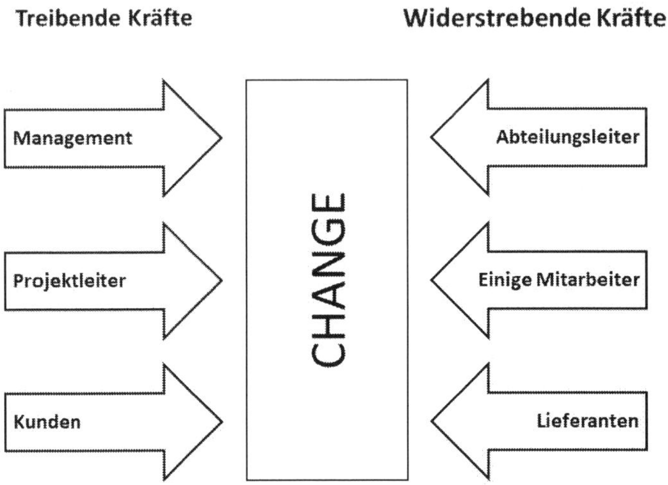

In der Force Field Analyse listest Du die treibenden und die Widerstand leistenden Kräfte auf, wie in diesem Beispiel.

Beispiel:

Die **Ernährungs- und Landwirtschaftsorganisation der UN (FAO)** hatte solche Analysen eingeführt, als es um neue Wiederaufforstungs-Programme ging. Denn bei solchen Programmen besteht die Gefahr, dass der Enthusiasmus groß ist, aber man dabei vergisst, welche Hindernisse es geben kann. Oft stehen wirtschaftliche

Interessen oder lokalpolitische Interessen solchen Programmen gegenüber, aber auch die der lokalen Bevölkerung oder manchmal sogar Umweltfaktoren. Viele Programme im Bereich der Entwicklungshilfe scheitern, weil man die behindernden Faktoren nicht ausreichend beachtet hat. Bei der FAO ging man soweit, dass man diese Widerstandsfaktoren nicht nur auflistete, sondern auch bewertete, und zwar mit Zahlenwerten.[3] Die Faktoren bekamen die Parameter "Wichtigkeit" und "Stärke des Widerstands". Daraus entstand eine Tabelle mit den Faktoren an der Spitze, die die höchsten Zahlenwerte hatten. Für die FAO bedeutete das, dass sie diese Probleme als erstes anzugehen hatte.

Du wirst in Deinem Change Projekt nicht unbedingt alle Faktoren mittels Zahlen darstellen müssen. Es ist aber gut zu wissen, dass Du sie nicht nur auflisten, sondern auch einordnen musst. Die wichtigsten und bedeutendsten sollten als erstes Deine Aufmerksamkeit bekommen. Manchmal können die treibenden Faktoren auch die Widerstandsfaktoren aufheben. So war bei der FAO ein treibender Faktor, dass der Feuerschutz verbessert werden sollte. Das hob die Probleme durch Feuerschäden weitestgehend auf.

---

[3] ODI (2009): Management Techniques: Force Field Analysis. URL: https://www.odi.org/publications/5218-force-field-analysis-decision-maker [Stand: 15-04-2018]

6.2 Werkzeuge im Change Management

Wie Du bereits gesehen hast, wird beim Change Management viel mit Tabellen und Matrix-Darstellungen gearbeitet. Das ist hilfreich, wenn es um die grundlegenden Vorbereitungen geht, wie die Problemfindung und die Stakeholder-Analyse. Wenn es aber in die nächste Phase geht, nämlich darum, die Mitarbeiter in die Planung einzubinden, bedarf es einiger Werkzeuge, die dabei helfen können.

6.2.1 Mindmaps

Am besten geeignet sind Mindmaps, insbesondere wenn diese auch von mehreren Leuten bearbeitet werden können. Mit einer Mindmap lassen sich Gedanken zunächst erfassen, ohne dass sie gleich in eine Struktur gebracht werden müssen. Das ist ein großer Vorteil, wenn es zum Beispiel darum geht, die Stakeholder-Interessen zu erfassen, aber auch als begleitendes Tool im Umsetzungsprozess. Die populärsten Mindmapping-Lösungen sind XMind, welches auf einer freien Software basiert, und Mindmeister, das eine Online-Lösung darstellt.

6.2.2 Flowcharts

In einem Flowchart lassen sich die geplanten Veränderungen visuell gut darstellen. Oftmals ist es eine gute Veranschaulichung, weil es zum einen das Gesamtbild zeigt, zum anderen Mitarbeiter auch sehen, welche Auswirkungen die Veränderungen auf ihre Arbeit haben und inwieweit sie Teil des Gesamtprojektes sind. Das Problem bei Flowcharts ist jedoch, dass Du Dich sehr schnell in Details verlieren kannst und die Grafik zu umfangreich und damit unübersichtlich wird.

Du kannst sie aber auch gut nutzen, um die Ist-Situation darzustellen und sie als Diskussionsgrundlage zu verwenden. Als Beispiel kann hier einer Veränderung im Kundendienst dienen. Eine Firma will Kunden, die eine Filiale betreten, zukünftig anders begrüßen und bedienen. In einem Flowchart kannst Du sehr gut darstellen, wie ein Kunde aktuell aufgenommen wird.

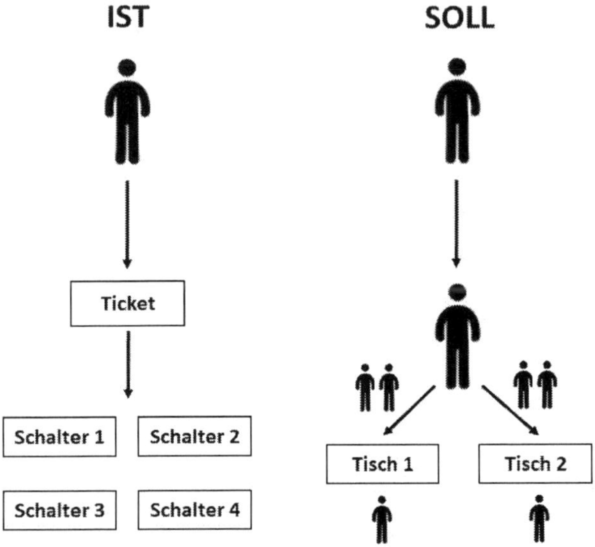

In der Ist-Situation muss der Kunde ein Ticket ziehen und wird zu einem Schalter gerufen. In der Soll-Situation wird er durch einen Mitarbeiter begrüßt und an einen Tisch geleitet.

Jetzt kannst Du ein weiteres Chart anfertigen, in dem der neue Prozess dargestellt wird. Somit hast Du zwei visuell leicht verständliche Darstellungen eines Ist- und eines Soll-Zustandes. Sie sind eine optimale Grundlage, um die geplanten Veränderungen zu diskutieren. Je komplexer aber eine Veränderung ist, umso geringer wird diese Anschaulichkeit.

6.2.3 Gantt-Charts

Da ein Change Management meistens in ein Projekt eingebunden ist, können auch Gantt-Charts dabei helfen, einen Überblick über den Fortschritt zu bekommen, und auch dabei zu überprüfen, ob wichtige Meilensteine erreicht werden. Das setzt aber voraus, dass Du vorher Aufgaben formuliert hast. Während es beim Projekt selbst um die Veränderung des Prozesses geht, wirst Du im Change Management eher versuchen, die Veränderungen im Verhalten der Mitarbeiter darzustellen. Es geht weniger darum, ob ein Prozess implementiert wurde, sondern ob er auch tatsächlich angewendet wird. Da es sich hierbei um eher weiche Faktoren handelt, wird es schwieriger sein, diese zu bewerten. Meistens findet sich aber dennoch eine Kennzahl, wie zum Beispiel die Anzahl der Mitarbeiter, die bereits den neuen Prozess anwenden.

6.3 Six Thinking Hats

Eine Methode, um ein Problem von mehreren Seiten zu betrachten, ist die Six Thinking Hats Methode. Sie wurde bereits 1985 von Edward de Bono in seinem gleichnamigen Buch beschrieben und wird auch heute noch in vielen Projekten angewandt. De Bono ging davon aus, dass es gerade in Gruppen bei Diskussionen zu Missverständnissen kommen kann, weil nicht alle auf einer Wellenlänge liegen. Ein Beispiel wäre, dass jemand ein eher emotionales Argument hat, während sein Gegenüber dieses eher rational-analytisch betrachtet. Das kann zu uneffektiven Konfrontationen führen. Um mehr Klarheit zu schaffen, hat de Bono die Denkhüte eingeführt. Sie haben verschiedene Farben und stehen für verschiedene Denkweisen:

Blau:	Ordnendes Denken
Weiß:	Analytisches Denken
Rot:	Emotionales Denken
Schwarz:	Kritisches Denken
Gelb:	Optimistisches Denken
Grün:	Kreatives Denken

Warum brauchst Du das für ein Change Management? Weil es eine gute Methode ist, gemeinsam Probleme zu lösen oder aufzudecken, die mit Change verbunden sind. Bei der Denkhüte-Methode hat die gesamte Gruppe immer den gleichen Hut auf, und wechselt nur gemeinsam die Hut-Farbe.

Ein Beispiel:
Du arbeitest bei einer Müllabfuhr. Das Unternehmen hat große Probleme mit defekten Lastwagen und einem gleichzeitig hohen Schuldenberg. Eines der Probleme muss angegangen werden, aber soll man neue Lastwagen kaufen oder erst den Schuldenberg abtragen? Hier kann eine Gruppendiskussion helfen, in der alle Beteiligten jeweils den gleichen Hut tragen. In der Runde mit dem weißen Hut wird zum Beispiel darüber gesprochen, welche Zahlen und Kosten vorliegen. Beim roten Hut geht es um verärgerte Kunden, bei denen der Müll zu spät abgeholt wird. Der gelbe Hut sagt, dass neue Lastwagen eine schnelle Besserung und mehr Einkommen generieren und der schwarze Hut sagt, dass wenn man Lastwagen kauft, der Schuldenstand noch höher wird und die Firma somit in den Konkurs geht. Der grüne Hut hat vielleicht die Idee, ein paar alte Lastwagen zu verkaufen, mit den Erlösen Schulden zu tilgen und dann ei-

nen Kredit für neue effektivere Lastwagen aufzunehmen. Der blaue Hut diskutiert über die Gesamtsituation des Unternehmens, den Markt und die Mitbewerber.

Meistens wirst Du eine solche Diskussionsrunde bereits in der frühen Planungsphase des Veränderungsprozesses einberufen, aber sie kann auch im laufenden Prozess selbst hilfreich sein. Denn selbst wenn die Veränderungen beschlossen sind, kann das Denkhüte-Modell als eine Art Rollenspiel dienen. Wenn Du damit den Change durchspielst, werden die Beteiligten die Veränderungen auch besser verstehen können. Und es kann sogar sein, dass Du auch noch zu neuen Erkenntnissen kommst.

6.4 Risiko Einschätzung

Es besteht eine gewisse Chance, dass Dein Plan, etwas zu verändern, komplett scheitern wird. Das kann während des Veränderungsprozesses passieren, oder aber die gesamte Idee an sich stellt sich als ein großer Fehler heraus. Das ist normal und passiert in jedem Unternehmen.

Ein Beispiel:
Bei **Pepsi** dachte man, es wäre an der Zeit, die Verpackungen der beliebten Tropicana-Fruchtsäfte neu zu gestalten. Man wollte moderner werden und ein zeitgemäßes Design haben. Es gab eine Menge Entwürfe, der vermeintlich beste wurde ausgewählt und die Produktion wurde sofort auf die neuen Verpackungen umgestellt. Die Kunden waren zunächst geschockt, dann verärgert und schließlich in Aufruhr. Sie wollten ihr altes Tropicana zurück, und nach einem Monat voller böser Kommentare und Briefe ruderte Pepsi tatsächlich wieder zurück. Was man vergessen hatte, war sich zu überlegen, welches Risiko man eingeht oder besser noch, welche Tragweite es haben könnte – oder aber ein Risiko überhaupt in Betracht zu ziehen.

Bei der Force Field Analyse hast Du bereits gelernt, die Kräfte darzustellen, die gegen die Veränderungen wirken. Bei der Risikoeinschätzung versuchst Du nun darzustellen, wie stark die Auswirkungen sein können, wenn etwas schiefgeht.

Vier Fragen stehen dabei im Mittelpunkt:

- Welches Risiko besteht?
- Wer ist durch das Risiko betroffen (Mitarbeiter, Kunden, Stakeholder, Öffentlichkeit)?
- Was passiert, wenn der Risikofall eintritt?
- Wer ist für den Risikofall verantwortlich?

Bei der letzteren Frage geht es nicht um eine Schuldzweisung, sondern darum, in welchen Zuständigkeitsbereich das Risiko fällt. Nehmen wir an, Deine Firma muss umziehen und jemand hat entschieden, dass man keine Umzugsfirma braucht, sondern die Mitarbeiter es selbst erledigen können. Spiele einmal diesen Fall durch: Prompt fällt jemand mit einem Umzugskarton die Treppe herunter. Wer hätte das verhindern können? Die Person, die dem Verletzten den Karton zuvor gegeben hat? Die Person, die die Entscheidung gegen die Umzugsfirma traf? Oder die Person oder das Gremium, die der Entscheidung, auf Profis zu verzichten, zugestimmt hat?

Bei großen Projekten, vor allem bei Industrieanlagen, sind die Risiken natürlich deutlich größer als bei einem kleinen Change Projekt. Oftmals werden Risiken in folgende Kategorien eingeteilt:

- Katastrophal
- Sehr groß
- Mittel
- Gering
- Vernachlässigbar

Was dahintersteckt, ist jeweils von dem Projekt abhängig. Bei einer Industrieanlage sind Explosionen und herabstürzende Bauteile klassische, katastrophale Risiken. Bei der Programmierung und Implementierung einer neuen Software für das Customer Relationship Management wäre ein katastrophales Ereignis die Löschung aller Daten oder ein Hack, der einem Angreifer Zugriff auf die Daten ermöglicht.

Du solltest immer damit rechnen, dass Probleme entstehen und Fehler passieren. Mit der Risikoeinschätzung bereitest Du Dich auf den Fall der Fälle vor.

Wenn Du Dir Gedanken gemacht hast, wie stark die Risiken sein können, solltest Du noch überlegen wie groß die Chance ist, dass sie auch eintreffen.
Es gibt eine Formel aus der professionellen Risikobewertung, die zumindest als eine grobe Richtlinie dienen kann:

Selten – ein Ereignis trifft nur alle zehn Jahre oder seltener ein

Eher selten – ein Ereignis trifft nur alle fünf Jahre ein

Kann passieren – ein Ereignis trifft alle zwei Jahre ein

Wahrscheinlich – ein Ereignis trifft jedes Jahr ein

Fast sicher – ein Ereignis trifft monatlich ein

In der Regel sind jene Ereignisse, die fast monatlich eintreffen, weniger gewichtig als solche, die alle 5 Jahre passieren. Nun wirst Du kein Atomkraftwerk bauen, deswegen ist das Wort Risiko für Dein Projekt vielleicht etwas übertrieben. Aber der Gedanke dahinter sollte

Dir klar sein. Gerade bei Softwareprojekten kann ein gewisser Schaden angerichtet werden, vor allem finanzieller Art, der vorher zumindest besprochen werden sollte.

Birgt Dein Projekt große Risiken, dann solltest Du auf jeden Fall Mechanismen entwickeln, um das Entstehen des Risikofalls so früh wie möglich zu erkennen. Ein kurzes Beispiel zeigt, wie aus einem kleinen Soft- und Hardwareprojekt ein Riesenproblem wurde.

Ein Kasino hatte beschlossen, seinen Besuchern als Attraktion ein Aquarium zu bieten, in dem Fische und andere Meerestiere schwammen. Weil man auf dem neuesten Stand der Technik sein wollte, baute man ein Thermometer ein, dass jederzeit die Temperatur und andere Daten über den Wasserzustand über das Internet an die Verwaltung übertragen konnte.

Was man jedoch nicht berücksichtigte: Die Daten wurden im gleichen Netzwerk übertragen, in dem sich auch alle anderen Daten befanden. Hacker nutzten die geringen Sicherheitsstufen des Thermometers aus, um Zugang zu den Kundendaten zu bekommen.

Jedes Softwareprojekt, dass mit Kundendaten hantiert, sollte einen Hackerangriff als mögliches Szenario berücksichtigen. Wie wahrscheinlich es ist, dass dieses stattfindet, ist eine Frage der Einschätzung. Aber es ist zumindest ein potentielles Szenario. Ein Hotel hatte es beispielsweise als eine geringe Gefahr eingeschätzt und

daher wenig in die Sicherheit bei einem neuen Buchungssystem investiert. Es hatte Lücken, und prompt bekamen Hacker Zugriff und stahlen nicht nur Daten, sondern löschten diese auch auf dem Server.
Einen Satz, den Du im Change Management niemals sagen solltest ist: “Damit konnte doch keiner rechnen.” Denn Du kannst (und solltest) immer damit rechnen.

6.5 Was habe ich davon?

Diese Frage wird Dir unter Garantie von fast jedem Mitarbeiter gestellt werden, der von Change betroffen ist. “What’s in For Me?” nimmt so einen großen Stellenwert ein, dass es zu einem eigenen Framework geworden ist und unter der Abkürzung WIFM verwendet wird.
Im Wesentlich handelt es sich hierbei um eine weitere Analyse, bei der die Vorteile der Veränderungen für alle Stakeholder aufgeführt werden. So eine Liste kann zum Beispiel wie folgt aussehen:

Stakeholder	Wie ist er betroffen?	Welche Vorteile zieht er daraus?
Geschäftsführung	Muss Budget freigeben	Verbessert Position

		durch Kostenersparnis und Anerkennung
Abteilungsleiter	Muss die Änderungen durchführen und überwachen	Veränderung entlastet die Tagesarbeit, mehr Zeit fürs Wesentliche

Denkbar wäre auch eine weitere Spalte, die auflistet, was gegen die Veränderung spricht. Allerdings kommen die Betroffenen mit diesen Argumenten schon von selbst auf Dich zu. Wichtiger ist es, dass Du Argumente hast, die sie überzeugen. Es hängt natürlich immer stark davon ab, welche Veränderungen geplant sind. Hier ein paar **Argumentationsbeispiele für typische Veränderungen**:

Neue Buchhaltungssoftware
Pro-Argumente für Mitarbeiter: Zeitersparnis, weniger kompliziert, klare Übersicht, weniger Papier.

Teams statt Abteilungen
Pro-Argumente: Mehr Verantwortung übernehmen dürfen, mehr Möglichkeiten um sich einzubringen, bessere Kommunikation mit anderen Beteiligten, mehr Sicherheit durch das Team, Um-

strukturierungen machen den Arbeitsplatz sicherer.

Umzug des Unternehmens
Pro-Argumente: Bessere Arbeitsbedingungen, mehr Parkplätze, ÖPNV-Anbindung, Kaffeemaschine, Einkaufsmöglichkeiten, neue Möbel.

Es ist bei diesen Argumenten unabdingbar, dass Du Dich in den jeweiligen Stakeholder versetzen kannst. Es geht nicht darum, ihm Fakten zu verkaufen, sondern darum, dass Du Dich in seine Situation hineinversetzt und überlegst, wie die Veränderungen ihm helfen können. Hierbei ist ein erneuter Blick auf die Force Field Analyse hilfreich, denn sie gibt Dir gute Anhaltspunkte, wo die Widerstände zu erwarten sind.

Der Idealzustand ist erreicht, wenn alle Mitarbeiter einen guten Grund darin sehen, die Veränderungen mitzutragen. Das ist aber selten der Fall. Bei einem Change wird es immer Stakeholder geben, die etwas zu verlieren haben, weil sich deren Situation, Gehalt oder Position verschlechtern wird. So zum Beispiel die klassischen Bedenkenträger, da hilft auch "Schönreden" nichts, Du wirst es schwer haben, etwas zu finden, was sie in ihrer Meinung umstimmen kann. Letztlich sind das die Kollateralschäden von Change, die mitgetragen werden müssen. An diesem Punkt setzt dann meistens die Autorität der Geschäftsführung ein, um den Change durchzusetzen. In dringenden Fällen, wenn ein Mitarbeiter enorm wichtig ist für die Firma oder ein Zulieferer nur schwer zu ersetzen wäre, kann Geld als Argument weiterhelfen. Allerdings solltest Du es vermeiden, die Zustimmung und Unterstützung hinsichtlich einer Veränderung erkaufen zu wollen. Es ist wirklich das letzte Mittel, das Du verwenden solltest.

7. Ausführung

Du solltest nun einen guten Plan darüber haben, was verändert werden soll und was das Ziel der Veränderung ist. Du hast die wesentlichen Beteiligten benannt und sie soweit informiert und eingebunden, dass sie weitestgehend das Projekt mittragen und der Widerstand so weit wie möglich minimiert wurde. Jetzt geht es darum, wie Du das alles erfolgreich umsetzt. Denn Change Management ist nicht nur die Vorbereitung auf eine Veränderung, sondern auch das Begleiten des Projekts und das eventuelle Einschreiten, wenn etwas schief läuft.

Als erstes solltest Du eine Möglichkeit haben, den Fortschritt und den Erfolg zu messen. Damit kannst Du in regelmäßigen Abständen prüfen, ob das Projekt wie geplant verläuft, oder falls nicht, wo das Problem liegen könnte. Ein gutes Werkzeug dafür ist eine simple Umfrage, die Du zum Beispiel über ein Google Umfrage-Dokument (oder jedes andere Umfrage-Tool) erstellen kannst. Die Befragten (am besten alle Beteiligten) können dabei 1 bis 10 einzelne Fragen/Aussagen bewerten. Diese können sein:

- Ich verstehe das neue Modell und meine Rolle, die ich darin einnehme.

- Ich denke, dass das neue Modell unsere Performance verbessern wird.
- Die Geschäftsführung ist voll involviert, wenn es um die Umsetzung geht.
- Ich weiß was ich machen muss, damit das neue Modell erfolgreich funktioniert.
- Ich glaube, dass wir das Personal und die Fähigkeiten haben, um das neue Modell effektiv/schnell/kostengünstig einzuführen.
- Die Kollegen sind sehr engagiert bei der Umsetzung des neuen Modells.

Das sind natürlich nur ein paar Vorschläge, die Du auf Dein jeweiliges Change-Projekt anpassen kannst oder sogar musst. Am besten benutzt Du die Umfrage das erste Mal bereits in der Planungsphase, und dann in regelmäßigen Abständen in der Umsetzungsphase.

7.1 Plan-Do-Study-Act

Aus dem Projektmanagement wirst Du vielleicht schon das “Plan Do Study Act”-Prinzip kennen. Es ist eines der – einfachen – Modelle, wie man Projekte umsetzt, ohne dabei nur stur nach Plan vorzugehen. Change Managment läuft immer parallel zu einem Projekt, es ist eine Art übergeordneter Überwachungsprozess. Beim PDSA-Prinzip geht es darum, dass Du die Veränderungen als eine Art Kreis verstehst.
Ein **Beispiel** ist ein **neuer Wartungszyklus für die Lastwagen einer Speditionsfirma**. Es hat sich gezeigt, dass mehr Lastwagen als geplant ausgefallen sind, was bei den Kunden zu Unmut geführt hat, aber auch bei den Mitarbeitern. Die Mechaniker hingegen befürchten, dass mehr Arbeit auf sie zukommt, als gedacht.

Plan

Du wirst zunächst einen neuen Plan erstellen, der die LKWs einmal im Monat zum Check-in die Werkstatt kommen lässt (statt bisher alle drei Monate).

Do

Der erste Check-in der Werkstatt steht an; pro Tag kommen zwei LKW. Am Ende bekommt jeder Fahrer des Wagens einen Statusreport und Reparatur-Empfehlungen.

Check

Nach dem ersten Wartungszyklus solltest Du die oben beschriebene Umfrage starten und die Ergebnisse analysieren. Vielleicht stellt sich heraus, dass die Mechaniker auch drei LKW pro Tag checken können. Oder aber, dass man nicht alle LKW in einer Woche warten kann.

Act

Wenn die Überprüfung ergeben hat, dass Veränderungen stattfinden müssen, dann müssen diese ausgearbeitet und wieder in einen neuen Plan eingebracht werden. Der Zyklus beginnt dann von neuem.

Natürlich ist das Beispiel stark vereinfacht. In der Realität werden die Mechaniker schon vorab genau überlegen, wie viele LKW sie reparieren können. Es geht aber vielmehr darum aufzuzeigen, dass es trotz eines guten Plans immer wieder zu neuen Erkenntnissen und daraus folgenden Verbesserungen kommen kann. Die PDSA-Methode ist auch hervorragend bei kleinen Veränderungen geeignet, die keine großen Pläne benötigen, aber dennoch ordentlich durchgeführt werden müssen.

7.2 Testumgebungen oder Gesamte Organisation?

Eine Frage, die oft beim Change Management aufkommt ist, ob man zuerst einen Test machen soll beziehungsweise eine Testgruppe mit der Veränderung konfrontieren soll, oder ob man den Change gleich auf die gesamte Organisation anwendet. Die Antwort darauf hängt zum einen von den geplanten Veränderungen, zum andern von der Größe der Organisation ab.

Du solltest eine Testumgebung zum Beispiel dann einrichten, wenn:

- es bei der Einführung von Software notwendig ist, echte User diese vorab testen zu lassen, um zu sehen, ob die Software praxistauglich ist. Am sinnvollsten wäre es, das bereits während der Entwicklung zu machen.

- eine Fahrzeugflotte auf Elektroantrieb umgestellt werden soll. Hier würde ein Test mit einigen wenigen Fahrzeugen zunächst ausreichend Daten liefern, auf Grund derer man dann komplett umstellen kann. Berücksichtigt werden müssen hier aber auch Kosten und Veränderungen für den laufenden Betrieb (z.B. es muss eine Ladestation errichtet werden, wegen geringerer Reichweite kommt es zu Störungen im Einsatzplan).

- es sich um eine projektbezogene Arbeit handelt, die Abteilungen weitestgehend auflösen soll. Viele Unternehmen denken, dass so ein schlankes Management die Motivation erhöhen und Kosten einsparen kann. In diesem Fall kann ebenfalls ein Test helfen, indem man nur einige Mitarbeiter aus möglichst vielen Abteilungen in eine Testgruppe einbindet.

Beispiele, bei denen es keiner Testumgebung bedarf, oder bei denen andere Gründe für eine komplette Einführung sprechen:

- Eine Einlasskarte für alle Mitarbeiter soll sicherstellen, dass nur derjenige ins Gebäude kommt, der auch eine Berechtigung dazu hat. In diesem Fall ist es kein Problem, die Änderung von einem Tag auf den anderen umzusetzen. Das gilt für die meisten sicherheitsrelevanten Änderungen, vor allem was Gebäudesicherheit angeht, aber auch in der industriellen Fertigung. Auch

> Gesetzgeber stehen vor solchen Herausforderungen: Das wohl größte Change Projekt in Deutschland war die Einführung des Euros, welche quasi über Nacht geschah. Es wäre unmöglich gewesen, die Währung nur teilweise einzuführen.

Neue Regeln und Prozesse werden ebenfalls meistens verbindlich für alle eingeführt: Das können kleine Dinge sein wie Formulare oder Vorschriften für Spesenabrechnungen, oder größere Maßnahmen wie die Verwendung eines neuen Logos. Hier sollte es vermieden werden, altes und neues Logo gleichzeitig zu verwenden. Gerade bei Namens- oder Logoänderungen sollten so viele Medien wie möglich zur gleichen Zeit vom Change bedient werden, selbst wenn das Briefpapier noch nicht aufgebraucht ist. (Bei einem neuen Logo geht es im Change Management vor allem darum, Akzeptanz bei den Mitarbeitern zu erreichen und zu erklären, warum das Logo so gestaltet wurde, aber auch zum Beispiel in Marketing und IT zu besprechen, welche Farbräume benutzt werden und wie die Größenverhältnisse sind.)

Ein **Beispiel für einen weltweiten Change** war der so genannte **Millenium Bug, oder das Y2K-Problem**. Da bis in die 90er Jahre viele Computer als Jahreszahlen nur die letzten beiden Ziffern benutzten, befürchtete man, dass mit dem Erreichen des Jahres 2000 die Rechner die Zahl auch als 1900 interpretieren könnten. Testumgebungen halfen hier nur innerhalb einer Organisation, aber niemand wusste, welche weiteren Auswirkungen es geben würde. Letztlich blieb nichts anderes übrig, als alle Rechner auf das vierstellige Jahressystem umzustellen. Es ist allerdings umstritten, ob am 1. Januar 2000 nichts Gravierendes passierte, oder ob das Problem einfach nicht so groß war wie von vielen, die vor einer Katastrophe warnten, vorhergesagt.

7.3 Schrittweise Implementierung

Eine andere Möglichkeit, Change Projekte umsetzen, ist dies in kleineren Schritten zu machen. Das ist vor allem bei großen, umfangreichen und komplexen Projekten empfehlenswert. Im Softwarebereich wirst Du das häufig sehen, wenn es zum Beispiel darum geht, Enterprise-Solutions einzuführen. Diese Schritte können sein:

- Nur Teile des Projekts einzuführen
- Nur bestimmte Nutzergruppen einzubinden
- Nur Phasenweise einzuführen

Der Vorteil bei der schrittweisen Implementierung liegt vor allem darin, dass Du wesentlich bessere Möglichkeiten hast, den Fortschritt zu überwachen und rechtzeitig einzugreifen. Eine Hotelberatungs-Firma in Asien wollte professioneller werden und nach dem Besuch eines Seminars beschloss der CEO, das gerade in Mode gekommene Programm SharePoint zu kaufen und einzusetzen. Seine IT-Leute installierten es auf allen Rechnern und schickten per E-Mail jedem Mitarbeiter seine Login-Daten. Es wird kaum überraschen, dass niemand es nutzte. Der CEO verstand es aber nicht und schickte auch noch eine aufgebrachte E-Mail hinterher, in der er die Mitarbeiter beschuldigte, sich nicht verändern zu wollen und gegen Modernisierung zu sein. Als daraufhin sogar Mitarbeiter kündigten, holte er Berater mit an Bord. Diese erkannten sofort, dass "die Erde bereits verbrannt war" und an eine unternehmensweite Einführung derzeit nicht zu denken war. Sie entschieden sich dafür, zunächst einmal die ITler einzubinden, und das auch nur mit Auszügen des umfangreichen Programmangebots. Als das erfolgreich umgesetzt wurde, bekamen einige interessierte Mitarbeiter in der Buchhaltung Zugang zu ausgewählten Funktionen wie dem Kalender und einigen Ordnern für Dokumente. Nach und nach wurden den jeweiligen Anforderungen entsprechende Teile von SharePoint implementiert, jeweils in einem Umfang, in dem man den geringstmöglichen Widerstand verspürte. Und bei jeder neuen Phase lernten Berater, CEO und Mitarbeiter etwas Neues und konnten dies wiederum in die nächste Phase einbringen.

7.4 Die nächsten 100 Tage

Sobald der Veränderungsprozess an sich abgeschlossen ist, beginnt die Zeit der nächsten 100 Tage. Jetzt wird sich zeigen, ob die Veränderungen auch wirklich gegriffen haben, ob sie nachhaltig sind und die notwendige Unterstützung erhalten. Oftmals wird gesagt, dass die ersten 100 Tage entscheidend sind. Bei politischen Führungspersonen ist es eine Tradition, nach 100 Tagen eine erste Einschätzung vorzunehmen, wie gut sie sich im Amt machen. Manche Journalisten lassen Politiker während dieser Zeit auch weitestgehend in Ruhe, was kritische Fragen und Themen betrifft. Im Change-Management ist es eine eher ungeschriebene (und auch nicht wirklich nachgewiesene) Regel, dass es etwa 100 Tage braucht, um einen Change auch nachhaltig umzusetzen, ohne dass man Gefahr läuft, wieder Rückschritte zu machen.

Auch hierfür gibt es eine Liste mit Fragen, die Dir als Werkzeug dienen kann, um diese Phase zu überwachen:

1. Über welche Instrumente verfügst Du, um die Nachhaltigkeit zu überprüfen?

2. Hast Du Meilensteine für die ersten 100 Tage gesetzt, die die Nachhaltigkeit der Umsetzung dokumentieren?
3. Gibt es Feedback-Loops mit der Geschäftsführung über den Erfolg der Veränderung?
4. Erstellst Du regelmäßig Umfragen über die Implementierung der Veränderung?
5. Gibt es einen Benchmark, der nach 100 Tagen feststellt, ob die Veränderung nachhaltig ist?
6. Welche Pläne hast Du, um bei möglichen Problemen eventuell eingreifen zu können?

Damit Dir die Überwachung nicht allzu schwer fällt, hier noch ein paar Tipps, welche Instrumente Dir dabei helfen können:

Du kannst Die Nachhaltigkeit von Veränderungen am besten mit Soll/Ist-Analysen feststellen. Nach der Einführung sollte diese Balance ausgeglichen sein, das heißt der Soll- ist auch gleichzeitig der Ist-Zustand. Am besten verwendest Du die Liste der Veränderungsziele als eine Art Check-Liste. Beim Beispiel des Umstiegs auf eine Elektro-Flotte sollten spätestens nach 100 Tagen alle Autos/LKW mit Elektroantrieb ausgestattet sein und genügend Ladestationen vorhanden sein. Gerade bei einer solchen Umstellung kann es aber auch zu Verzögerungen kommen, so dass die 100 Tage nicht ausreichen. Hier stellt sich auch die Frage, ob das Change Management mit der Einführung der ersten oder der letzten Fahrzeuge abgeschlossen ist.

7.5 Feedbacks

Die wirksamste Methode um festzustellen, wie der Veränderungsprozess läuft, sind Feedbacks. Diese können auf unterschiedliche Weise ablaufen. Du kannst, wie bereits beschrieben, eine Umfrage an alle Mitarbeiter schicken und regelmäßig abfragen, wie der Veränderungsprozess angenommen wird. Du kannst auch Daten analysieren, zum Beispiel ob bereits Kosten gespart wurden, ob mehr produziert wurde, oder ob ein Prozess durch die Umstellung effizienter geworden ist. Eines sollte Dir aber klar sein: Ohne Feedback wird es kein erfolgreiches Change Management geben.

Eine Deiner Hauptaufgaben während der Umstellung ist es, Mitarbeiter und Beteiligte dazu zu motivieren, so viel Feedback wie möglich zu geben. Und das Feedback sollte vor allem konstruktiv sein, oder zumindest Fehler und Probleme genau beschreiben.

Du wirst auch trotz bester Vorbereitung nicht alle Nein-Sager überzeugen können und sie werden auch während der Umsetzung immer wieder Kritik äußern. Das kann anstrengend sein, andererseits bringen sie manchmal auch eine neue Sicht der Dinge ein.

7.6 Der Problem Owner

In der Umsetzungsphase ist es wichtig, dass Probleme so schnell und früh wie möglich erkannt werden. Der beste Plan hilft nichts, wenn er beim ersten Hindernis nicht mehr umgesetzt werden kann. Es gibt verschiedene Methoden, solche Warnsignale rechtzeitig zu erkennen. Wichtiger ist aber festzulegen, wer dann die Initiative ergreift. Im Projektmanagement nennt man diese Person den Problem Owner, und das ist auch ein für das Change Management geeigneter Begriff. Der Problem Owner erkennt das Problem, berichtet es und analysiert es zusammen mit dem Team. Dann wird eine Lösung erarbeitet und der Problem Owner überwacht, dass diese auch erfolgreich umgesetzt wird.

In Unternehmen gibt es immer einen Mitarbeiter, der stets alles machen muss: Den Herrn Jemand. Wenn es ein Problem gibt, dann sagen die meisten Mitarbeiter "Jemand muss das lösen". Wenn ein Manager vor einem Problem steht, dann fordert er seine Mitarbeiter auf, dass jemand sich darum kümmern soll. (Herr Jemand hat noch einen Kollegen, Herrn Irgendwer).

So werden Probleme zwar identifiziert, aber nicht gelöst. Es ist eine Frage der Unternehmenskultur, dass Mitarbeiter sich eines Problems annehmen und auch annehmen dürfen. Problem Ownership darf nicht an Abteilungstüren und bei Titeln enden. Wer sich eines Problems annimmt, muss die volle Unterstützung des Teams, der Abteilungen und des Managements erhalten, um es zu lösen. Oftmals wird darunter verstanden, dass man dann für das Problem verantwortlich ist. Weit gefehlt: Man ist verantwortlich für die Lösung, aber eben zusammen mit anderen.

Es ist eine Frage der Unternehmenskultur, wie man Mitarbeiter motiviert, Probleme zu identifizieren und sich ihrer anzunehmen. Dort, wo man den Überbringer schlechter Nachrichten bestraft, wird man kaum eine solche Kultur finden. Als Leiter eines Change Management Projektes solltest Du deutlich machen, dass das Aufdecken von Problemen positiv bewertet wird und gefördert wird. Das Annehmen von Problemen sollte ebenfalls karrierefördernd sein.

Ein guter Problem Owner hat folgenden Gedankengang: *Ich sehe ein Problem, dass ich aber nicht in seinem vollen Umfang verstehe und von dem ich nicht weiß, wie ich es lösen kann, aber ich bin mir sicher, dass es wichtig ist und gelöst werden muss. Deswegen werde ich alles daran setzen, es besser verstehen zu können, und mir Unterstützung und Rat holen, um es zu lösen. Sollte ich es nicht selbst lösen können, werde ich mich solange darum kümmern, bis ich einen geeigneteren Problem Owner gefunden habe.*

Allerdings solltest Du darauf achten, dass es nicht stets nur einige wenige Mitarbeiter sind, die Problem Owner sind und viele andere, die dankbar dafür sind, dass sie die Arbeit nicht machen müssen. Am wichtigsten ist es, dass Mitarbeiter verstehen, dass sie keine Nachteile erfahren, selbst wenn sie das Problem nicht lösen können, sondern Vorteile daraus ziehen, wenn sie Probleme identifizieren und bei der Lösungsfindung helfen.

Exception Based Reporting

Es gibt viele verschiedene Methoden um den Fortschritt zu messen, und gerade in großen Organisationen werden hierzu regelmäßig lange Berichte geschrieben. In diesen wird alles dokumentiert, was geschehen ist. Viele Mitarbeiter vertiefen sich in seitenlange Beschreibungen ihrer Tätigkeiten. Das Problem: Damit wollen sie sich selbst zwar gut darstellen, aber es hilft dem Projekt nicht.

Beim Exception Based Reporting werden nur die Dinge berichtet, die außerhalb eines bestimmten Normbereichs liegen. Oder anders ausgedrückt: In den Bericht kommt das, was nicht nach Plan läuft. Der Begriff wird oft im Projekt-Management, aber auch im Einzelhandel bei der Verlustanalyse verwendet. Beim Change Management ist dies ein sehr effektiver Weg, um Probleme früh zu identifizieren und durch die Berichte einen guten Überblick über den Fortschritt und die Probleme innerhalb eines Projektes zu bekommen.

Du solltest bei der Planung des Projekts überlegen, welche Parameter am besten geeignet sind, um Planabweichungen zu beschreiben. Ein denkbarer Weg ist es, verschiedene Kategorien zu definieren: Kritisch, wenig kritisch, sehr kritisch (nicht kritisch erscheint hier nicht, weil grundsätzlich nur kritische Probleme aufgeführt werden sollen).

Diese Kategorien benötigen aber noch weitere Definitionen, zum Beispiel ob sie kritisch für eine bestimmte Phase sind, oder für einen gewissen Teil des Projektes, oder gar für das gesamte Projekt.

7.7 Performance Bewertungen

Es gibt einen alten Spruch, der besagt: "Nur was gemessen wird kann auch verbessert werden." Das trifft nicht in allen Fällen zu, im Gegenteil, auch Entscheidungen, die aus dem Bauch heraus getroffen werden, können durchaus erfolgreich sein, aber eine gute Datengrundlage schadet dennoch nicht. Wie kannst Du diese Daten erheben, und vor allem daraus die Performance ableiten? Zunächst einmal geht es um das Sammeln der Daten.

7.7.1 Datenanalyse

Um zu sehen, ob Veränderungen auch tatsächlich den Effekt haben, den man erreichen wollte, können oftmals diverse Daten helfen. Gerade wenn es darum geht, Verkaufszahlen zu optimieren, Kosten zu sparen oder

Marktanteile zu gewinnen, kann man anhand der Zahlen sehen, ob und wie sich die Veränderungen auswirken. Das bedeutet aber, dass man diese Zahlen auch für diesen Zweck aufbereiten muss. Die reinen Verkaufszahlen helfen Dir nicht, wenn sie nicht mit dem Change Management verbunden sind.

Ein Beispiel:
Eine Bekleidungsfirma beschließt, in der Produktion von reiner Baumwolle auf Kunstfasern umzustellen. Damit will man Kosten sparen, aber auch dem Trend zur Funktionskleidung Rechnung tragen. Diese Umstellung bedarf mehrerer Change Prozesse: zum einen die Umrüstung der Maschinen, sowie Schulungen der Näherinnen und Näher, und zum anderen aber auch das Marketing. Die Maschinen und die Mitarbeiter an den Nähmaschinen werden Daten darüber liefern, wie hoch der Output ist. Vermutlich wird dieser aber konstant bleiben, denn die Kosten werden im Material gespart. Das Change Management muss also die Materialkosten beobachten. Während diese Kosten sich direkt verändern, wird es im Marketing und beim Verkauf der T-Shirts wahrscheinlich etwas dauern, bis die Kunden das neue Produkt kennengelernt und angenommen haben. Die Näherinnen und Näher müssen aber auch zeitnah geschult werden, um sicherzustellen, dass sie die neuen Stoffe

auch wirklich gut verarbeiten können. Dabei ist es unumgänglich, sie diesbezüglich zu befragen.
Man sieht also, wie wichtig es ist, dass man beim Change Management die Daten anfordert, die auch wirklich die Veränderung darstellen.

7.7.2 Fortschritts- und Erfolgskontrolle

Daten allein helfen Dir aber noch nicht, wenn sie nicht ins Verhältnis zueinander gesetzt werden. Um ein Change Management bewerten zu können, müssen die Daten kategorisiert und gewichtet werden. Hilfreich sind folgende Kategorien:

- Verkaufs-, Stück-, Produktionszahlen
- KPIs
- Audits

Die erste Kategorie ist bereits angesprochen worden. Diese Zahlen werden ohnehin erhoben, und Du kannst Sie einfach in Deinen Change Management Performance Prozess einbauen. Um zu sehen, ob Du erfolgreich bist, solltest Du aber Benchmarks festlegen. Am besten machst Du das schon in der Planungsphase, indem Du innerhalb der Zielvorgaben festlegst, wie viele

Produkte Du mehr verkaufen oder produzieren willst. Diese Zahlen müssen immer wieder angepasst werden, denn mit Sicherheit wirst Du anfangs noch etwas daneben liegen. Die absoluten Zahlen sind dabei weniger bedeutend, als der allgemeine Trend: Geht die Produktion insgesamt nach oben, auch wenn es hier und da einen kleinen Rückschlag gibt (beispielsweise weil ein Problem erkannt und gelöst werden musste)?

Hinsichtlich der KPIs streiten sich Experten, wie viele solcher Indikatoren es wirklich braucht und ob sie den Change tatsächlich beschreiben. Grundsätzlich ist es aber eine gute Sache, wenn der Erfolg Deines Veränderungsprozesses auch in Zahlen ausgedrückt und gemessen werden kann.

Im Projektmanagement werden unter anderem KPIs eingesetzt um zu sehen, wie viele Veränderungen es gibt und welche Ursache diese hatten. Im Change Management kannst Du das ebenfalls anwenden. Solche KPIs können sein:

% der vollzogenen Veränderungen

% der Mitarbeiter, die einen Change vollzogen haben

Zahl der Arbeitstage/stunden pro Mitarbeiter, die für den Change verwendet werden

Zahl der erfolgreich abgeschlossenen Audits

% der zufriedenen Mitarbeiter (nach Audit)

% der nachträglichen Veränderungen im Change Prozess

7.7.3 Audits

Auch wenn Audits bei Mitarbeitern – nicht ganz zu Unrecht – verpönt sind, können sie, wenn sie richtig eingesetzt werden, bei Change Management eine Menge Nutzen bringen. Bei der Einschätzung der Ist-Situation hast Du schon gelernt, dass Umfragen sehr hilfreich sein können, um zu verstehen, wie Mitarbeiter die Situation sehen.

Im Change-Prozess sind solche Umfragen noch wichtiger. Nur so kannst Du sehen, ob sich das Verhalten der Mitarbeiter wirklich verändert hat. Ein Audit sollte so umfangreich wie möglich sein, ohne aber zu viele Ressourcen zu verbrauchen. Deshalb solltest Du ihn genau an die Größe Deines Projektes anpassen. Bei einer kleinen Veränderung kann es schon ausreichen, Umfragen zu erstellen. Du solltest diese Umfragen jedoch nicht verpflichtend aufstellen, denn dann kannst Du schon an der Zahl der nicht eingereichten Umfragen erkennen, wie sehr das Veränderungsprojekt sich schon in den

Köpfen verankert hat, oder ob Mitarbeiter es nach wie vor ablehnen und deshalb nicht antworten.
Audits sollten auch nicht allzu lange dauern, wichtiger ist es, Momentaufnahmen zu gewinnen. In den meisten Fällen wirst Du abfragen, ob die Prozesse, die im Plan zur Umsetzung festgeschrieben waren, auch in der Art durchgeführt wurden

7.8 Meilensteine

Eine fast unumgängliche Methode, um den Fortschritt und Erfolg eines Veränderungsprozesses zu messen, sind Meilensteine. Da Change Management immer auch aus Projekten besteht, macht es Sinn, diese Methode aus dem Projektmanagement zu verwenden. Deine Herausforderung wird es sein, diese Meilensteine zu definieren.

Ein paar Beispiele:
Bei der Einführung einer neuen Buchhaltungssoftware kann es ein Meilenstein sein, dass die Software auf X Rechnern installiert wurde, ein weiterer, dass Y Mitarbeiter geschult wurden, ein dritter Meilenstein, dass Z Buchungen bereits durchgeführt werden sollen.
Eine Firma will ihre Kantine schließen und stattdessen auf ein System umstellen, bei dem sich die Mitarbeiter

ihr Mittagessen online bestellen können. Hier ist ein erster Meilenstein die Implementierung der Bestell-Webseite und eine erste Befragung einer ausgewählten Testgruppe, ein weiterer die erste Menüleiste und das Feedback der Mitarbeiter, der nächste dann die erfolgreichen Online-Bestellungen, noch ein Meilenstein die ersten Testbestellungen und die Rückmeldungen der Nutzer, dann die Umstellung einer ganzen Abteilung auf die Online-Bestellungen.

Meilensteine sind dann am sinnvollsten, wenn sie quantifizierbar sind, also in Zahlen ausgedrückt werden können. Wenn eine Software auf 20 Rechnern installiert ist, aber der Meilenstein 30 Rechner umfasste, weißt Du, dass Du ein Problem hast. Versuche immer Meilensteine in Zahlen auszudrücken. Es gibt jedoch auch Projekte, bei denen dies nicht durchgehend möglich ist, wie zum Beispiel der Meilenstein "Webseite online".

7.9 Rapid Issue Identification

Ein Werkzeug, das vor allem bei der Entwicklung von Software, aber auch bei Maschinen und in High Risk Organisationen eingesetzt wird, ist die Rapid Issue Identifikation. Diese Methode besteht aus drei Stufen:

- Entdecke
- Analysiere
- Behebe

RII ist ein Prozess, der permanent am Laufen ist. In der Softwareentwicklung wird zum Beispiel ein Bug gefunden, dann analysiert, welche Auswirkungen er hat, und schließlich behoben. In einem Krankenhaus kann zum Beispiel entdeckt werden, dass in einem sterilen Bereich eine Lüftung nicht abgedichtet ist. Mit dem RII ist es jedem Mitarbeiter möglich, das Problem aufzudecken und sicherzustellen, dass es auch gelöst wird. Das oben beschriebene Problem Ownership kann dabei einfließen, allerdings muss der Melder des Problems nicht immer auch den Lösungsprozess führen. RII ist dem Problem Ownership vorgelagert und dient mehr als ein Frühwarnsystem. Jeder Mitarbeiter sollte in der Lage sein, Probleme zu identifizieren und zu melden.
Im Change Management ist das besonders wichtig, weil man bei aller Planung nicht immer alle möglichen Aus-

wirkungen im Voraus vorhersagen kann. So kann es passieren, dass Du bei der Umstellung von Diesel- auf Elektroautos vergessen hast (oder es einfach nicht wusstest), dass die Zulassungsstelle gerade auf ein neues System umstellt und Neuzulassungen sich daher um einige Tage verzögern. Ein Mitarbeiter liest davon in der Zeitung, sieht, dass der Change Prozess davon betroffen sein könnte, und meldet das Problem umgehend. Eine solche Situation ist der Idealfall. Einfach ausgedrückt, erlaubt es der Prozess allen Mitarbeitern mitzudenken und wachsam zu sein.

7.10 Change Management Checkliste

Damit Du sowohl am Anfang als auch während des laufenden Projektes eine kleine Hilfestellung hast, folgt nun eine kurze Checkliste, die Dir helfen kann, die Übersicht zu behalten.

- ❑ Gibt es eine Definition der Veränderung, die gemacht werden soll?
- ❑ Gibt es ein klares Ziel?
- ❑ Gibt es eine Analyse, was den Nutzen angeht?
- ❑ Gibt es eine Force/Field-Analyse?
- ❑ Gibt es ein Modell, nach dem das Change Management ablaufen soll?
- ❑ Wenn ja, welches?
    - ❑ Kotter
    - ❑ Lewins
    - ❑ McKinsey
    - ❑ Dunphy
    - ❑ Anderes Modell
- ❑ Ist ein Team zusammengestellt, welches die Veränderungen vorbereiten soll?

- ❑ Ist die Geschäftsführung bereit, sich zu engagieren?

- ❑ Sind die möglichen Treiber und Verhinderer identifiziert?
- ❑ Gibt es ein Implementierungs-Team?
- ❑ Sollten die Veränderungen in Schritten eingeführt werden, sind diese Schritte ausreichend beschrieben?

- ❑ Sind Benchmarks für den Erfolg des Projektes beschrieben?
- ❑ Gibt es einen Prozess zur Change-Überwachung?
- ❑ Gibt es einen Implementierungsprozess?

7.11 Persönliche Checkliste

Auch Du als Change Manager kannst Dich immer wieder fragen, ob Deine Arbeit bislang zufriedenstellend ist. Diese Liste gibt Dir ein paar Fragen vor, die Dir helfen, auf der Spur zu bleiben.

- ❑ Ist meine Kommunikation verständlich und erreicht sie die Menschen, an die sie gerichtet ist?
- ❑ Ist meinem Team klar, warum wir diese Veränderung machen und welchen Sinn das hat?
- ❑ Gebe ich genügend Informationen weiter und bin ich transparent genug?
- ❑ Haben meine Mitarbeiter alle notwendigen Informationen und Werkzeuge für den Veränderungsprozess?
- ❑ Greife ich schnell genug ein, wenn es ein Problem im Team gibt?
- ❑ Motiviere ich mein Team ausreichend?
- ❑ Habe ich Unterstützung beim Veränderungsprozess von der Geschäftsführung?
- ❑ Bin ich selbst positiv gegenüber der Veränderung eingestellt?

- ❑ Kommuniziere ich diese Haltung ausreichend?
- ❑ Höre ich den Nein-Sagern und Kritikern ausreichend zu?
- ❑ Nehme ich Änderungsvorschläge positiv auf und lehne sie nicht direkt ab?
- ❑ Strahle ich Kompetenz aus und werde ich im Team als kompetent anerkannt?
- ❑ Gehe ich mit gutem Beispiel voran?
- ❑ Unterstütze ich mein Team dabei, selbst auch andere durch die Veränderung zu führen?
- ❑ Treffe ich Entscheidungen die auf Fakten basieren?

- ❑ Prüfe ich kontinuierlich, wie die Veränderung angenommen und umgesetzt wird?
- ❑ Bin ich bereit einzugreifen, auch wenn das den Prozess verlängert?
- ❑ Ist für mich die erfolgreiche Implementierung wichtig, oder dass es in der geforderten Zeit geschieht?

8. Change Management in Projekten

In einem Projekt, vor allem in solchen, die nach dem klassischen Wasserfallprinzip geführt werden, ist das Change Management System ein Prozess, der beschreibt, wie Veränderungen am Projekt selbst vorgenommen werden. Das Change Management regelt sehr genau, wie eine Veränderung beantragt wird, wer sie genehmigt, wie sie verifiziert und implementiert wird, wie gemessen wird, ob sie erfolgreich war, und wie viele Veränderungen es überhaupt gibt.

Selbst die beste Planung wird nicht immer in der Realität bestehen können. Es liegt in der Natur von Projeten, dass sie verändert werden. Besonders gut sichtbar ist das in der Softwareindustrie. Hier kann man zwar den Rahmen einer Softwareentwicklung festlegen und festlegen, welche Anforderungen sie lösen soll, allerdings wirst Du im Verlauf des Projektes immer wieder sehen, dass etwas geändert werden muss. Das können manchmal nur kleine Dinge sein, wie zum Beispiel, dass bestimmte Programmteile zuerst entwickelt werden müssen oder Schriften angepasst werden müssen, oder aber auch große Probleme darstellen, die auftauchen (wenn beispielsweise die Anforderungen an einen Server falsch dimensioniert waren und er zunächst aufgerüstet werden muss). Während ein solches Problem zwar große Auswirkungen hat, aber recht selten vorkommt, sollte Deine Aufmerksamkeit in erster Linie auf den kleinen Veränderungen liegen. Denn der Teufel liegt oft im Detail: Viele kleine Änderungen können ein Projekt erheblich verlangsamen oder aber den Kostenrahmen sprengen. Denke nur an ein Bauprojekt: Wenn hierbei der Bauherr die Idee bekommt, statt den großen Fliesen, doch kleine Fliesen haben zu wollen, bedeutet das unter Umständen, dass man entweder die vorhandenen wieder herausreißen muss, oder aber, dass die nachfolgenden Arbeiten nicht durchgeführt werden können, bis die neuen Fliesen eingetroffen sind. Natürlich hat das auch noch Einfluss auf die Baukosten, aber auch auf die Stimmung unter den Mitarbeitern.

Eine kleine Checkliste kann dabei helfen, das Ausmaß einer Veränderung deutlich zu machen:

- ❑ Was genau ist das Problem?
- ❑ Welchen Einfluss hat es auf das Projekt?

Analyse

- ❑ Ist das Problem kritisch, sehr kritisch, weniger kritisch? Ist die Veränderung wichtig, sehr wichtig, weniger wichtig?
- ❑ Welche Schnittstellen, Unterprojekte sind betroffen?
- ❑ Welche Kosten hat das Problem verursacht?
- ❑ Welche Kosten verursacht das Problem, wenn es nicht gleich behoben wird?
- ❑ Welche Mitarbeiter sind betroffen?

Behebung

- ❑ Wie soll das Problem behoben werden?
- ❑ Wie lange dauert der Prozess?
- ❑ Welche Auswirkungen hat das Beheben auf andere Prozesse?
- ❑ Welche Kosten entstehen durch das Beheben?
- ❑ Welche Mitarbeiter sind betroffen?
- ❑ Welche Stakeholder müssen informiert werden?
- ❑ Wer ist verantwortlich für die Behebung?
- ❑ Was ist der Zeitrahmen für die Veränderung?

9. Zusammenfassung

Eine Veränderung wird immer auf Widerstand stoßen, und doch ist sie oftmals unumgänglich. Eine neue Uniform ist schnell gestaltet und eingekauft, aber die Menschen davon zu überzeugen, diese auch zu tragen, kann manchmal einen großen Aufwand darstellen.

Nach dem Lesen dieses Buches solltest Du besser verstehen, wie eine Veränderung in einer Organisation erfolgreich eingeführt werden kann. Ganz gleich welches Modell und welche Methoden Du verwendest, sie alle haben gemeinsam, dass Du zuerst die Menschen erreichen musst, die von der Veränderung betroffen sind.

Oftmals ist man so begeistert von einer Idee, dass man zu schnell in die Umsetzung geht, ohne das Projekt vorher ordentlich geplant zu haben. Eine gute Planung hilft Dir aber dabei, später eine Menge Zeit zu sparen und auch Deine Nerven zu schonen. Je besser Du die Stakeholder und ihre Bedürfnisse identifizierst, umso leichter wird es Dir fallen, sie für den Prozess zu gewinnen.

Je “weicher” die Veränderung ist, umso wichtiger ist das. Weiche Veränderungen sind solche, die die Kultur oder gewisse Prozesse eines Unternehmens betreffen, ebenso wie Umstrukturierungen im Management. Je mehr Menschen betroffen sind, umso mehr müssen sie in den Mittelpunkt gerückt werden.

Die angesprochenen Tabellen und Grafiken können eine große Hilfe sein, und hoffentlich auch die Checklisten, die am Ende des Buches aufgelistet sind. Damit solltest Du eigentlich bestens ausgerüstet sein, um Dein erstes Change Management Projekt in Angriff zu nehmen. Viel Glück dabei.

Dein Steffen Lobinger

Rechtliches und Impressum

Die Inhalte dieses Buches wurden anhand von anerkannten Quellen recherchiert und mit hoher Sorgfalt geprüft. Der Autor übernimmt dennoch keinerlei Gewähr für die Aktualität, Richtigkeit und Vollständigkeit der bereitgestellten Informationen.
Haftungsansprüche gegen den Autor, welche sich auf Schäden gesundheitlicher, materieller oder ideeller Art beziehen, die durch Nutzung oder Nichtnutzung der dargebotenen Informationen bzw. durch die Nutzung fehlerhafter und unvollständiger Informationen verursacht wurden, sind grundsätzlich ausgeschlossen, sofern seitens des Autors kein nachweislich vorsätzliches oder grob fahrlässiges Verschulden vorliegt. Dieses Buch ist kein Ersatz für medizinische oder professionelle Beratung und Betreuung.

Auflage 08/2019

Kontakt: Tim Ong/ Türkstr. 4/ 30167 Hannover
Coverfoto: Romolo Tavani/shutterstock.com
Formatierung: Steffen Lobinger

Quellenverzeichnis

Bjierklie, D. (2006): The Hidden Danger of Seat Belts. URL: http://content.time.com/time/nation/article/0,8599,1564465,00.html [Stand: 10-04-2018]

Gotts, I. (2017): The Top 6 Reasons Why Change Fails. URL: https://medium.com/inside-the-salesforce-ecosystem/the-top-6-reasons-why-change-fails-6a105603eeda [Stand: 13-3-2018]

ODI (2009): Management Techniques: Force Field Analysis. URL: https://www.odi.org/publications/5218-force-field-analysis-decision-maker [Stand: 15-04-2018]

Printed in Poland
by Amazon Fulfillment
Poland Sp. z o.o., Wrocław

55003903R00070